JN087103

素晴らしき
借金経営

社長、借金は返さなくていいお金です

公門章弘 税理士

現代書林

はじめに

まずは、こんなドキッとするようなタイトルの本を手にとっていただき、ありがとうございます。

失礼を承知でいえば、この本に興味を持っていただいたということは、**あなたは会社経営をしながら、借金でお悩みなのではないでしょうか？**

ご安心ください。私もそのひとりでした。

税理士に、借金経営の何がわかる⁉

あなたは、会社の資金繰りの相談を、いったい誰にしていますか？

経営者それぞれではあるでしょうけど、資金繰りの相談といえば、やはり顧問税理士にすることが多いのではないでしょうか？

私の税理士としての約20年を振り返ってみても、税理士でありながら、税の相談よりも事業の日常の資金繰りの相談が多かった印象です。

税理士といえば税の専門家であり、税の相談といえば、そこはやはり節税です。**会社経営者にとって節税の相談といえば、会社の法人税をより少なくしたい相談です。**でも、なぜ会社において税負担をできるだけ軽くしたいかといえば、やはり資金繰りのためだったりするのです。

せっかく利益が出たのに、なぜかその利益に見合うお金が残っていない……。そして、その税金を払うために、わざわざ銀行から融資を受けなければならない相談に応じるのも税理士の役割でした。

税理士でありながら税理士事務所経営のために借金経営

申し遅れました。私は佐賀県で税理士事務所を経営していた公門章弘と申します。

2年前に自分の経営していた税理士事務所を事業譲渡（M&A）し、現在は税理士兼コンサルタントとして活動しています。

2004年に独立開業して、スタッフ10名、売上高1億円までの税理士事務所にしましたが、**なんと、銀行からの融資も1億円**にまでなっていました！

といっても、税理士の信用性を楯にとって、株や変な投資のために借金して、払えなくなって事業譲渡したわけではありません。

純粋な経営上の資金としての借金です。

すべての税理士事務所がそうだとは言いませんが、税理士事務所経営においても、事業を拡大していくとなると、先立つものはお金です。

税理士事務所の売上は後払いが基本ですし、お客様が増えればスタッフの増員が先ですから、どんどんお金が先に出ていくわけです。

そうなると、たとえ税理士事務所であろうとも、融資を受けての借金経営になります。

まさに、あなたの会社となんら変わりはないのです。

この本は銀行の融資は返さなくてもいいということを書いた本なのか？

タイトルで誤解を与えていたら最初にお詫びします。

借金を返さなくてもいいという表現は、なんらかの法的手段等を使って、借金を帳消しにしたりすることを意味するわけではありません。

この本でいう「借金」とは、ずばり銀行の融資のことです。

会社経営者にとって、会社で受けた融資には、必ずといっていいほど経営者個人の連帯保証がついてまわります。

最近では、経営者（代表者）の連帯保証が不要の融資もありますが、まだまだ融資の多くは経営者の連帯保証を必要としています。

よって、会社の借り入れ（融資）＝経営者の借り入れという認識が、いまだ経営者においては自然な感覚ではないでしょうか。

ということは、この本は、銀行の融資は返さなくてもいい、ということを書いた本なのでしょうか？

また誤解を与えてしまいかねない表現を使ってしまいました。

法律上のことをいえば、返さなくてもいい融資などはこの世の中にはありません。

ですが、長い税理士生活の中で、多くの経営者から借金経営についての相談を受け、自分自身も税理士事務所の借金経営をしてきて、あることに気がついたのです。

会社経営における「借金」の考え方を根底から変えるための本

なぜ銀行は、一度受けた融資が、ある程度返済が進んでくると、また融資をしてくれるのでしょうか？

銀行だけでなく、いわゆる政府系金融機関もそうです。

やっと返済が半分くらい進んだな、と思った頃に、銀行や金融機関から「借り換え」を勧められることに、あなたは疑問を感じたことはありませんか？

私は税理士として、顧問先企業の効率化のために、よけいな借り入れ（融資）は金利負担にもつながるので、しないようにしましょうと最初は指導していました。

しかし、銀行は企業の業績が悪化した際には、融資を渋ったりするのも現実です。経営者経験が長くなると、誰しも一度や二度はそういう経験をしたことがあるのではないでしょうか？

それゆえ、やっと返済が進んできたなと思いつつ、よけいな借り入れで金利負担を増やすまいと思いつつ、銀行が勧めてきた際には借りておこう……。

そうした長い経験を積んできて、なかなか減らない借入金の残高が並んだ決算書の数年分を見た時、あることに気がつきました。

経営者として借金を返そうと頑張ってきたのに、銀行から勧められてまた借金が増える……。これって、返さなくてもいいお金なのではないだろうかと。

それでは、本書の主な内容を紹介していきましょう。

ＰＡＲＴ１　なぜ借金は「返さなくてもいいお金」なのか？

PART2　融資＝増資！　「他人資本」が会社を大きくする
PART3　私の借金経営の実践記録
PART4　誰も教えてくれない、正しく借りる金融機関との付き合い方
PART5　つぶれない経営＝公門式キャッシュフロー経営のすすめ
PART6　小堺桂悦郎先生との特別対談

目次をご覧いただき、気になったページから読み進めていただいてかまいません。もし、税理士のくせに会社経営者の借金経営の辛さの何がわかるのだ、とお感じになった場合には、いきなりＰＡＲＴ３の「私の借金経営の実践記録」からお読みください。

もし、金融機関との付き合い方で気になっていることがありましたら、ＰＡＲＴ４の「誰も教えてくれない、正しく借りる金融機関との付き合い方」を先にお読みください。

会社経営において、取引金融機関を変えるということは、なかなか簡単にできるこ

とではありません。

また、自分が借りたい時だけ銀行と付き合うということでは、長い目で見た時に、有利な条件で融資を受けることもできません。


現状において、当面の資金繰りの心配がないという場合には、PART5の「つぶれない経営＝公門式キャッシュフロー経営のすすめ」をぜひお読みください。

非常につまらない結論と思われるのを承知でいいますが、会社経営はやはり普段の積み重ねです。そこで、この「公門式キャッシュフロー経営」を強くお勧めします。

なお、「公門式キャッシュフロー経営」については、日本キャッシュフローコーチ協会の和仁達也先生から多くを学ばせていただきました。


そして、いくら税理士である私が借金経営について力説しても、どうも説得力を感じられないという場合は、PART6の「小堺桂悦郎先生との特別対談」からお読みください。

このコロナ不況という前例のない状況において、コロナ融資を受けられたものの、借金経営への不安が増すばかりの中、借金経営の専門家である小堺先生に突撃対談を行い、特別の許可を得て掲載させていただきました。

「借金、万歳！」

口に出して言ってみてください。少しは心が軽くなりませんか？

本書が、借金を抱えていることがストレスになっている経営者の、心の重圧から解放する一助になれば幸いです。

２０２１年10月

税理士　公門章弘

はじめに

PART 1

なぜ借金は「返さなくてもいいお金」なのか?

PART 2

融資＝増資！「他人資本」が会社を大きくする

PART 3

私の借金経営の実践記録

PART 4

誰も教えてくれない、正しく借りる金融機関との付き合い方

PART 5

つぶれない経営＝公門式キャッシュフロー経営のすすめ

PART 6

小堺桂悦郎先生との特別対談

PART 1

なぜ借金は「返さなくてもいいお金」なのか?

借金は後ろめたいものだと考えていませんか？

いきなりですが、あなたの会社はどれくらいの借金がありますか？

胸を張って「1000万円です」とか、「3000万円です」と答えられる中小企業の経営者の方は、ほとんどいないのではないでしょうか？

多くの場合、一瞬口ごもったり、バツの悪そうな顔をして答えます。

借金は、負債や債務という言葉でも表現するので、字面も印象もよくありませんね。友人からお金を借りたら、期日までに返済しないと関係が終わってしまうかもしれません。住宅ローンが返せなければ、担保として自宅を取られてしまうこともあります。かつては、多重債務で首が回らず人生を棒に振ってしまう人が続出しました。

借金は怖ろしい――。

誰もが皆そう考えます。やむなく借りたとしても、とにかく少しでも早く返してしまいたい。借金があるうちは枕を高くして寝ていられない。そんな感覚の人がほとんどではないでしょうか？

借金は返済しなくても大丈夫!?

しかし、です。こと〝経営〟に関してとなると、話が変わってきます。

銀行からの融資である限り、借金は怖いものではありません。それどころか、借金こそが「成功への鍵」となります。

さらにいえば、借金は返さなくてもいいお金なのです！

にわかには信じてもらえないかも知れません。しかし、実際に私が税理士事務所を経営する中で、経営者の一人としてこのことを実践し、実感したことなのです。

借金は返さなくていい？　そんな馬鹿な！　でも、これは事実なのです。

私はかつて佐賀県で税理士事務所を開き、スタッフ10人を抱えるまでにしました。

通常、一般的な税理士事務所は3〜4人くらい。完全に個人で営業している人もいます。

ですから、10人という規模がどの程度かわかっていただけると思います。

その中で、自ら経営者としても事業を拡大するメカニズムに直接触れることができました。

通常、税理士は税の専門家であって、経営に関しては素人です。

ですが中小企業の経営者の人たちは、税理士に経営上のさまざまな相談をします。

もちろん、会計に関してはアドバイスできますが、経営に関しては素人の目でアドバイスしている人がほとんど。

その点、私は税理士事務所を大きくする過程で、**自らが経営を担ったことで実務的なノウハウを身につけることができた**のです。

いずれにしても、その時に骨身にしみてわかったことがあります。

それは、**「借金に対する意識」を根底から変えなければならない**ということでした。

私の実際の事業経営の経過はＰＡＲＴ３で詳しく解説するとして、とにかくこのことを、経営者の方々に、最初にハッキリと言っておきたいのです。

・借金は怖いものではない

- **事業拡大&成功に、借金は不可欠である**
- **借金を返済する（正確には完済する）必要はない**

では、なぜそう私が言い切るか、その理由を順次お話ししていきましょう。

「無借金経営」は絵に描いた餅

「無借金経営」という言葉があります。経営者の中には、この無借金経営こそ理想だと考える人がいます。

しかし、現実的に無借金経営が可能な経営者や企業がどれくらいあるでしょうか？少なくとも私がこれまで担当してきた企業で、無借金経営の会社はほとんどありませんでした。

いたとしても小規模法人か個人事業主。または、もともと資産家だったり、資本金がやたらに大きいなど特殊なケースくらいです。

そもそも、中小企業の場合、資本金は３００万円から多くて５００万円程度というのがほとんどでしょう。１００万円とか、最近ならそれ以下という会社もあるはずです。

はたしてその資本金だけで、事業を継続することが可能でしょうか？　まず無理でしょう。

ほとんどの場合、どこかからお金を借りることになります。借り先が身内であるか、金融機関であるかは別にして、資本金だけで事業を起こして継続していくことも、拡大していくことも難しいのが実際のところです。

そんな現実があるにもかかわらず、借金に対するイメージが不当に悪いというのが私の印象です。

借金は悪いことだ。完済しないと大変なことになるという思い込み、強迫観念から抜け出せず、精神的に追い詰められてしまう経営者も少なくありません。

本来ならもっと積極的に事業を拡大し、会社を発展させることができる場面でも、すでに借金があることで気持ちがすくんでしまって動けない……。

もちろん、知り合いから借金をしたり、銀行以外の高い金利の貸金業者から借りていたとすれば話は別です。期限までに完済しないと大変なことになりかねません。

しかし、**借り先が銀行や信用金庫など、まっとうな市中の金融機関であれば、少しも恐れたり怯んだり、引け目を感じる必要などない**というのが私の持論です。

とはいえ、約20年前に税理士事務所を立ち上げ、事業を拡大する中で借金が増えていった時は私もビビったものです。

最初に300万円を公庫から借り入れ、その後、銀行などから借金をして、その合計が1000万円に達した時、「この借金をはたしてちゃんと返せるのだろうか?」と、さすがに青くなりました。

しかし、その後事務所を拡大する中で、借金に対する意識が見事に変わっていったのです。

これが先ほど挙げた3つのポイント(借金は不可欠で、怖いものでもなく、返済(完済)するものでない)なのです。

借金は「時間を買う」こと

繰り返し強調したいのですが、**「個人消費」のための借金と、「事業経営」における借金は、言葉こそ同じ「借金」ですが、まったく性質の違う**ものです。

ところが両者を混同して考えている経営者が実に多い。

事業経営とは何か？　その中における「借金」とはどういうことを意味するのかを突き詰めて考えず、一般的な個人の借金と同等に考えてしまう経営者がたくさんいます。だから借金は怖い、と思ってしまう。

私たちが経営の場面で借金をする時が、どんな状況なのかをもう一度しっかり考えてみましょう。

それによって、事業経営における借金の本当の意味がわかるからです。

例えば創業時、さまざまな設備投資が必要になります。あるいは、突然新しい大口の発注が飛び込んできた時、生産力を上げるために設備投資が必要になります。

そういった状況で手元にお金がなかったら、あなたはお金が貯まるまで我慢しますか？

ビジネスは時間との勝負ですから、即座に対応しなければなりません。

例えば、大口の発注に応えるために設備や人員を補充すべく、急きょ１０００万円の資金が必要になったとします。

ところが手元には３００万円しかない。毎月の純利益が２００万円だとして、そこからだけで賄うとすると、１０００万円を準備するのに最低でも４か月はかかってしまいます。

しかし、４か月も待たせていたら、その間に発注主は別の企業を探すでしょう。相手は待ってくれず、あなたの会社は大きな利益を逃すことになります。

もし、ここで**金融機関から借り入れができたら？　４か月という時間を一気にあなたは先取りすることができる**わけです。

それによって**生産効率を上げ、大口顧客を獲得でき、その後も大きな利益を手に入れることができる**のです。

仮にこの大口顧客を獲得することで純利益が一気に倍になったとしたら、わずか3か月で借金の元が取れ、その後は利益が加算されていくだけの状況になります。

つまり、ここでの借金は「時間を買う」ということ。それによって、「チャンス（機会）を得る」ことにつながるわけです。

「機会損失」という言葉があります。本来得られるはずの利益を得るチャンスを逃してしまうことを指しますが、経営では真っ先に避けなければなりません。

「借金を避ける」選択によって、大きな利益を上げることができたはずのチャンスを、みすみす逃してしまうのは、まさに機会損失でしょう。

目先のちょっとした出費や借金に惑わされず、つねに、「それによってどれだけのリターンが得られるか？」を考えるべきです。

お金を借りることで時間を買い、選択肢を増やす。それによって利益を得る機会を増やしていく。

「時間を買う」「機会を得る」という意味で、借金は必要なものだということがおわかりになったのではないでしょうか。

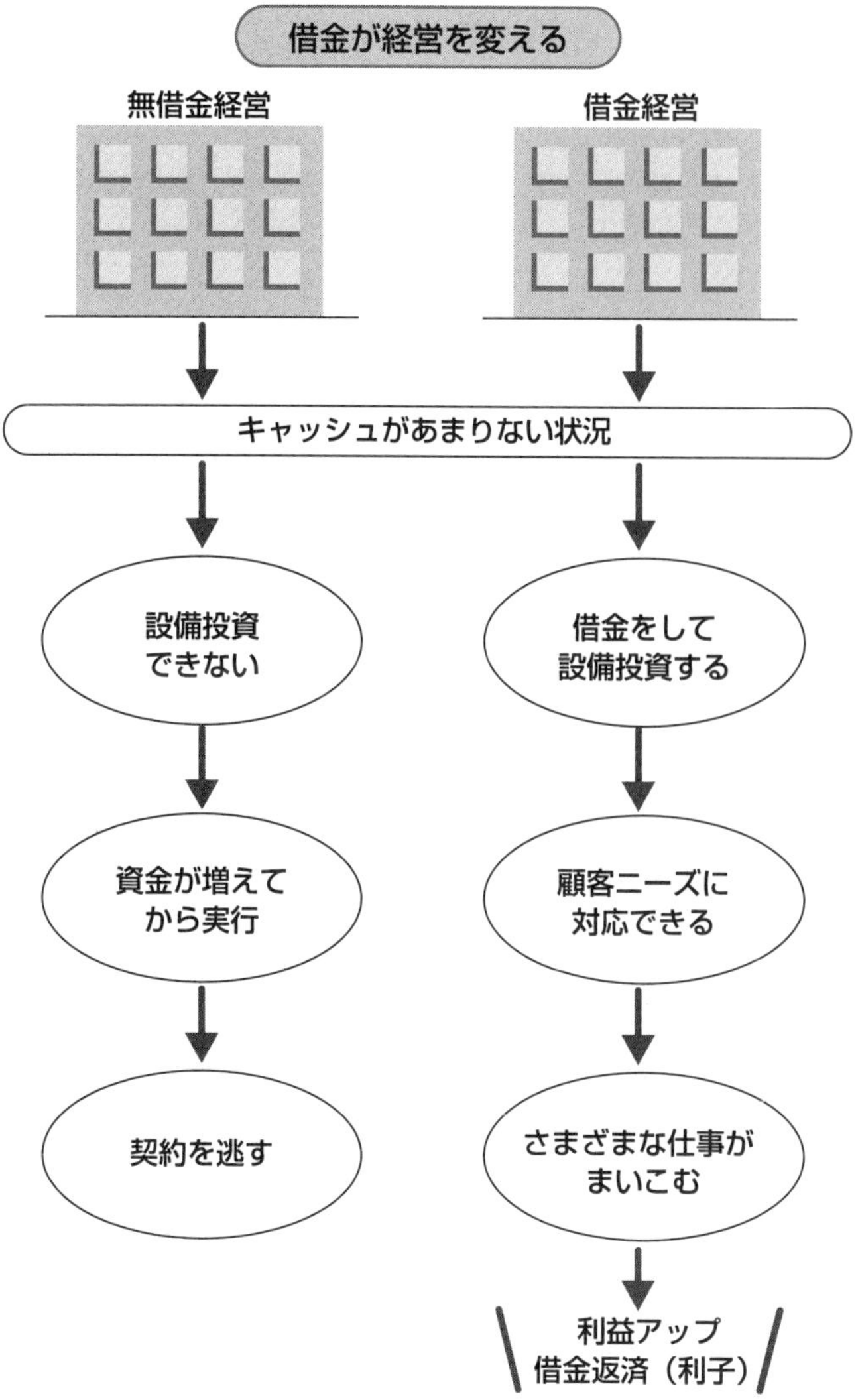
借金が経営を変える
無借金経営
借金経営
キャッシュがあまりない状況
設備投資
できない
借金をして
設備投資する
資金が増えて
から実行
顧客ニーズに
対応できる
契約を逃す
さまざまな仕事が
まいこむ
利益アップ
借金返済（利子）

借金によるレバレッジ効果

投下資本が大きければ、それだけ利潤も大きくなります。設備投資によって生産力や生産効率が高まれば、一気に利益が増えるでしょう。原材料を増やし、人員を増やすことができれば生産力は高まり、利益もアップします。

借金をせずに投下資本が小さいままでは利益も利幅も小さいまま。借金によってははるかに大きなリターンを得ることができれば、大きなレバレッジを利かせることができたということです。

目先の損得ばかりに目を向けるのではなく、それによって、将来的にどれだけのリターンが得られるかを考えるのが投資であり、事業の本質でしょう。

借金をすることによってレバレッジを利かせて、利益を最大化することができます。

そう考えると事業において「借金」が、一つの大きな「選択」であり、「戦略」であることがわかると思います。

運転資金としての借金の意味とは？

設備投資資金のほかに、事業を経営する上で重要なのが運転資金です。

設備投資の資金が創業時や事業拡大時に不可欠だとしたら、運転資金は事業を健全に継続していく上で不可欠なお金ということになります。

先ほどの設備投資による設備の拡充を人間の体で例えるなら、さまざまな臓器の機能を増やしたり、高めたりすること。そうだとしたら、**運転資金は血液のようなもの**です。体の中を循環し、栄養素や酸素を供給することで各組織や臓器が健全に活動できるようにするのです。

どんなに立派な臓器が揃っていても血液が滞ってしまったら、生きていくことはできません。その意味で運転資金は設備投資資金以上に、企業の存続には欠かせないもの。

運転資金で従業員の給料を払う、仕入れを行う、商品の広告宣伝を行う、その他さまざまな経費を支払う。

だからこそ、事業を行う上で運転資金は人体の血液のように必要不可欠な大切なもの。このことは、経営者の皆さんならいまさら強調するまでもなく、よくご存じでしょう。

実際、経営の現場では、この運転資金の有無が最も経営者を悩ませ苦しませることになります。

「おかしいな、損益計算では毎月利益が出ているはずなのに、手元にお金がない！」

そんなことが多々起こるのが経営の現場です。

その理由は言われてみれば簡単です。**決算書の数字は、必ずしもその時々のお金の流れを表しているわけではありません。**

例えば、ある商品を売ったとしても、すぐにお金が手元に入ってくるわけではなく、月末締めの翌月払いなどということはザラにあります。

逆もしかりで、仕入れをした場合の代金の支払いは翌月まとめて払いのケースも。事業ではこのように、入出金において「タイムラグ」はつきものです。

その結果、損益計算上は利益が上がっていても、手元にはキャッシュがないということが日常的に起こるのです。

運転資金＝血液が滞れば企業は即座に倒れる

「黒字倒産」という言葉を時々、耳にしますよね。会計的には利益が出ているのに、倒産してしまう。それは何らかの理由によって資金が枯渇したからです。

例えば、不渡り手形をつかまされた場合もあるでしょう。いずれにしても事業の血液である運転資金という手元資金が尽きてしまった悲劇です。

この運転資金も銀行からの借り入れができれば、黒字倒産のような状況を免れることができます。

私自身の経験で言えば、手元資金は借金してでも潤沢に置いておくべきだというのが結論です。

とにかく手元にキャッシュがあれば事業は回っていきます。

企業は生き物であり、経営はまさに瞬間瞬間が勝負です。不測の事態も起きるのが経営ですが、その時々に対応するには手元資金、キャッシュが不可欠なのです。

その時に、資産やお金を含め、手元に資金が潤沢にあるのであれば別です。そうでないなら、銀行から借りてでも、ある程度のキャッシュをつねに手元に置いておくべきです。

体の中の血液が足りなくなれば、輸血が必要になります。

その時に輸血を拒む選択はあり得ません。なぜなら、命を失ってしまうことになるからです。

つまり、経営においては、**〝借金〟をしてでも手元にキャッシュを置いておくことが〝生きること〟につながる**のです。これは**私の提唱するところの「他人資本論」**につながっていきます。

他人資本論に関しては後のＰＡＲＴで詳しくお話ししますが、要は銀行がお金を貸してくれるのであれば、借りられるだけ借りておくという考え方です。

仮に銀行から５００万円を借金していても、そのお金が手元にそっくりあれば、実質の借金は差し引きゼロ。

私はこれを「両建ての経営」という言葉で表現していますが、このことも後のＰＡ

RTで詳しくお話ししようと思います。

手元に資金が潤沢にあるということで、経営の選択の幅をそれだけ広げることができます。

先ほどの機会損失の話もありましたが、経営戦略的に最も利益を得ることができる選択を取ることも可能になります。

なにより、**従業員の給料や日々の支払いに頭を悩ませることがなくなります。経営者の精神衛生上も大きなプラス。**それによって、より健全で最善の経営判断に集中できるようになる。企業の血液である大切な資金は借金してでも確保する。それが企業経営、とくに中小企業経営の奥義の一つであると考えています。

借金とは信用力である

プライベートの感覚では、借金を繰り返す人は信用できない人です。

ところがビジネスの世界ではこれも〝逆転〟してしまいます。**ビジネスの世界で**

は、借金を繰り返す人ほど「信用力が高い人」です。

お金を借りてそれを元手にして事業を運営し利益を上げる。そして、しっかりと利子をつけて返済する。これを繰り返しながら事業を拡大し、会社に富を増やし雇用を確保する。

資本主義社会の中で、このような拡大再生産を行う企業とその経営者ほど、望ましい存在はありません。

お金を貸す銀行の立場に立ってみても、それははっきりとします。**銀行の主な売上は何かといえば、お金を貸しつけることにより受け取る利子**によるものでしょう。

彼らはつねに自分たちがお金を貸して、それに利子をつけてしっかりと返済してくれる相手を探しています。しかも継続的に、そしてできるならばその額がどんどん大きくなるように望んでいます。

彼らはそれを〝信用〟という言葉で置き換えています。

いったん**この信用のスパイラルに入ると、彼らはずっとお金を貸し続けてくれま**

す。「運転資金が少し欲しい」と相談すれば、貸してくれるでしょう。最初は返済して元金が減った分を再度借りることになると思いますが、それを繰り返すうちに信用力が高まり、融資の枠を増やしてくれるようになります。

さらには事業者から相談しなくとも、営業担当者の方から「これだけ融資できますがどうでしょうか？」と、言ってくるのです。

もちろん毎月の返済額は高くなりますが、おかげで事業が拡大し収益もアップしているので十分返済できるようになります。彼らはそれを見越して貸してくれるわけです。借金とは「信用」である。私たちの日常のお金の感覚とはかなり異なるわけです。

もちろん経営者の方々は、頭ではこのことを理解しているはずです。

しかし、**実際には借金が増えてくると焦りだす人がほとんど。頭では理解できているのですが、感覚としてはプライベートでの借金のイメージから抜け出せない**ままの方がとても多い。

ビジネスにおいては、そのような日常感覚を残しておくことはむしろ妨げになり、いかに切り替えるかが重要になってきます。

信用力がつくと銀行は貸し続けてくれる

さて、先ほどの信用についてさらに話を進めていきましょう。

この信用力がついたら、借金はすでに借金ではなくなります。

どういうことでしょうか?

借り手に信用力がつくと、銀行はこれほどお金を貸す相手として有利な相手はいませんから、どんどん追加融資をしたくなります。

企業としては一方で返済をしながら、返済した分プラスアルファでお金を借り続けます。

借金の金額は増えていきますが、これを繰り返していくということは、もはや実質返済しなくても大丈夫ということになります。

なぜなら、企業が続く限り銀行はずっと融資を続けてくれるからです!

そんなことが本当にあるのかって? むしろ、「当然のようにありますよ」というのが私の答えです。

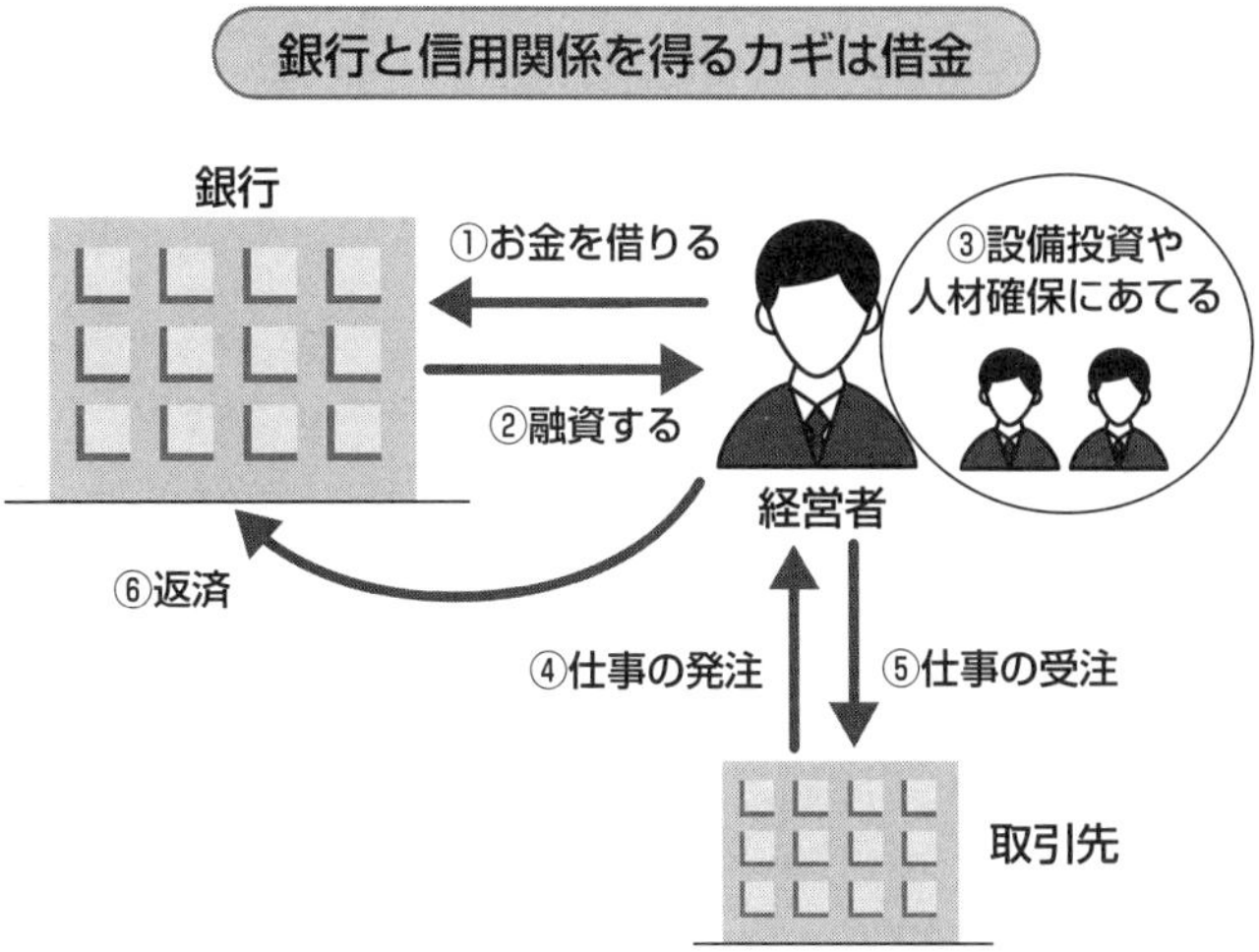

じつは銀行としても、「資金が足りない」ことが理由で、簡単に融資先の企業が潰れてもらっては困るのです。

それでは不良債権として負の実績になってしまいます。また、融資先が潰れたら継続的に利子を得るチャンスも失ってしまう。

企業と銀行が一度この関係になってしまったら、両者は一蓮托生であり、一心同体のようなものと考えてください。

この真理に気がついた時、目からうろこであると同時に、私は税理士事務所の経営者として大変気分が楽になったことを覚えています。

その真理に気づいたのは開業して10年目くらいでしょうか。

「なんだ、結局、返す必要なんてないんじゃないか！」と。


それからは、銀行が融資話を持ち掛けてきたらすぐに乗るようになりました。**もう借金が5000万円を超えたあたりからは精神的にも平気になり、1億円が見えてくると、もはや後どれだけ借金しようが関係ない、という感じ**でしょうか。

大事なことは、例えば1000万円を借りたら、運転資金として取っておく。仮にすぐに使う必要はなくても、とりあえず借りて手元にそのまま置いておくのです。**先ほどお話しした「両建ての経営」で、銀行に借金はあるけれど手元のお金でいつでも返せるよ、ということ。**

差し引きゼロですが、たんなる無借金と何が違うか？

決定的に違うのは、自由に使うことができるお金がつねに手元にあるということ、さらに資金調達能力があるということ。

何度も繰り返しますが、経営においていざという時の大きな力になるし、何より精神的に非常に楽になるのです。

晴れた日に傘を差し出されたらチャンスと思え！

よく、「銀行は雨の日に傘を取り上げて、晴れた日に傘を差し出す」といいます。経営が苦しくてお金が喉から手が出るほど欲しい時には貸してくれず、万事うまくいってお金が潤沢にある時に限って「借りませんか？」と言ってくる。

銀行側の理屈を考えれば、それまでほとんど付き合いのなかった会社が、「経営が苦しいのでお金を貸してくれ」といきなり泣きついてきても、実績もなければ業績も悪いという相手にどうして貸そうとするでしょうか？

あなたがもし銀行員だとしたら、そんな見ず知らずの会社に「わかりました」とお金を貸しますか？

逆に、業績が伸びていて売上も利益もどんどん出している企業であれば、安心して融資できます。
そんな企業は、ずっと継続的に利子を払ってくれる上客になる可能性が高い。だから火急のお金が必要ないことはわかっていながら、融資話を持ち掛けるのです。そのお金でさらに事業を大きくし、成長してほしいからです。

銀行はけっしてボランティアでお金を融資するわけではありません。経営が大変な企業を助ける救済機関でもないのです。

銀行は預金を預かり、それを運用して利益を上げなければいけない企業のひとつなのです。

しかも、人様のお金を扱うわけですから、よけいに損はできません。
そう考えれば「雨の日に傘を取り上げる」ことも、「晴れの日に傘を差し出す」理屈もわかるでしょう。

どうも経営者の方の中には、銀行を目の敵にしている人も少なくありません。
銀行員が営業に来ると、まるでお金の匂いを嗅ぎつけて寄ってくるハイエナのように感じて、つっけんどんに帰してしまう経営者もいます。

しかし、**私から言わせればお金が必要ない時に、「借りませんか？」と銀行が言ってきたら、これはまたとないチャンス**です。

私なら資金は潤沢にあったとしても、借りてしまうでしょう。そしてそっくり使わずに手元に置いておくのです。

手元で自由になる資金＝キャッシュはどれだけたくさんあっても悪いことはありませんから。

そして、借りられるチャンスで借りておき、月々の返済を通じて銀行との信用関係を築くのです。それはまた、いざという時の助けになるはずです。

貸してもらえるチャンスを逃し、いざ自分のところの経営が危なくなると泣きつく。そんな信用もなく業績も悪い企業なら、当然貸してもらえません。

恨みつらみを言ったとしても、それはあなたが自らそのチャンスを逃したにすぎない、ということです。

そのようなことにならないためにも、日頃の銀行との付き合い方を変えておいた方がいいでしょう。

PART 2

融資＝増資!
「他人資本」が
会社を大きくする

借金は「他人資本」だと考える

私はこの際、事業経営において、借金の考え方を根底から変えてしまうべきだと考えています。

「借金」というと、どうしても悪いイメージがつきまといます。それはプライベートの借金、個人のための借金を連想するからでしょう。

個人の借金は返済しなければ信用を失いますが、事業における借金は信用の裏返しであり、完済してしまうと金融機関との信用関係がなくなってしまう。

このことを別の言葉で説明しましょう。

私は、事業における借金、借入金は「他人資本」と呼ぶべき性質のものではないかと考えます。

資本金のうち、自分のお金であるものを「自己資本」といいますが、「他人資本」とは他人が出資してくれた資本です。事業の元手には変わりありません。

事業において銀行などの金融機関からの借金は、性質上、他人資本と考える方が妥当だと思います。

金融機関からの借金は、見方を変えれば彼らが企業の株を買い、投資をしているのと似ています。

株式を買って配当を得るというのが、株式投資の本来の姿です。

銀行などの金融機関も融資という形こそとっていますが、継続的に貸し付けを行い、その利子で稼ぐと考えると、株式投資とその配当の関係に非常に近いといえます。

実際、借入金の金利は2〜3％といったところでしょう。そして株式の配当もおおよそ株価の2〜3％で、ちょうど同じくらいです。

融資＝増資、返済＝減資というロジック

事業における借金とは他人資本を組み入れることと同義である。この事実に、多くの経営者が気づいてほしいと思います。また気づくべきだと考えます。

事業を拡大し成長するためには、他人資本を大いに活用するしかない。それが結論です。なぜならほとんどの中小企業の経営者が、お金をそれほどたくさん持っていないからです。

他人資本論の考え方で見れば、事業における借金＝融資は「増資」に他なりません。だとすれば、借金を返済するということは「減資」ということになります。

融資＝増資
返済＝減資

このロジックをぜひ頭に入れておいてほしいと思います。

事業経営において増資は成長のために必要ですが、減資は事業が縮小していくことを表しています。

事業を拡大し、成長企業にするためには増資を行い、資本金を増やすことが必要になります。一般的には企業が資本金を増加させる場合、新株発行を行います。しかし、中小企業の多くは、株式を発行して広く市場からお金を集めることが難しい。

そこで**銀行など金融機関からの融資が、まさに資本金を増加させること、すなわち増資という意味と同じことになる**のです。

これによって、事業における借金は返済を求められるものではないこともわかるのではないでしょうか？

出資者が望むことはなにかといえば、出資金を返還されることではなく、それによって継続的な配当収入を得るということです。

この場合の配当は融資における利子にあたります。

つまり、

利子＝配当

というロジックになるのです。銀行にとってみれば、企業に対する融資は株式投資と似ているとお話ししましたが、まさにこのことなのです。

借金を完済したら銀行は喜ぶどころか……

ですから、銀行から融資を受けている会社が、ある時、たくさんお金が入ってきたことで、一気に借金を完済したとしましょう。

銀行の担当者は「完済してくれた」と喜ぶでしょうか？

いえいえ、まったく逆です。担当者は血相を変えて、「私のところとの付き合いを終らせるつもりですか！」と社長室に飛び込んでくるでしょう。

なぜなら、**完済してしまえば、銀行はあなたのところからの継続的な利子収入（＝配当）が見込めなくなるからです。これは継続的な関係がそこでストップすることを意味します。**

知り合いや友人などから借金をした場合とは真逆ですね。

個人間では借金を完済しないと絶交されてしまうかもしれないのに、**企業と金融機関の関係においては完済すると「絶交」**なのです。

借金完済は銀行と「絶交」

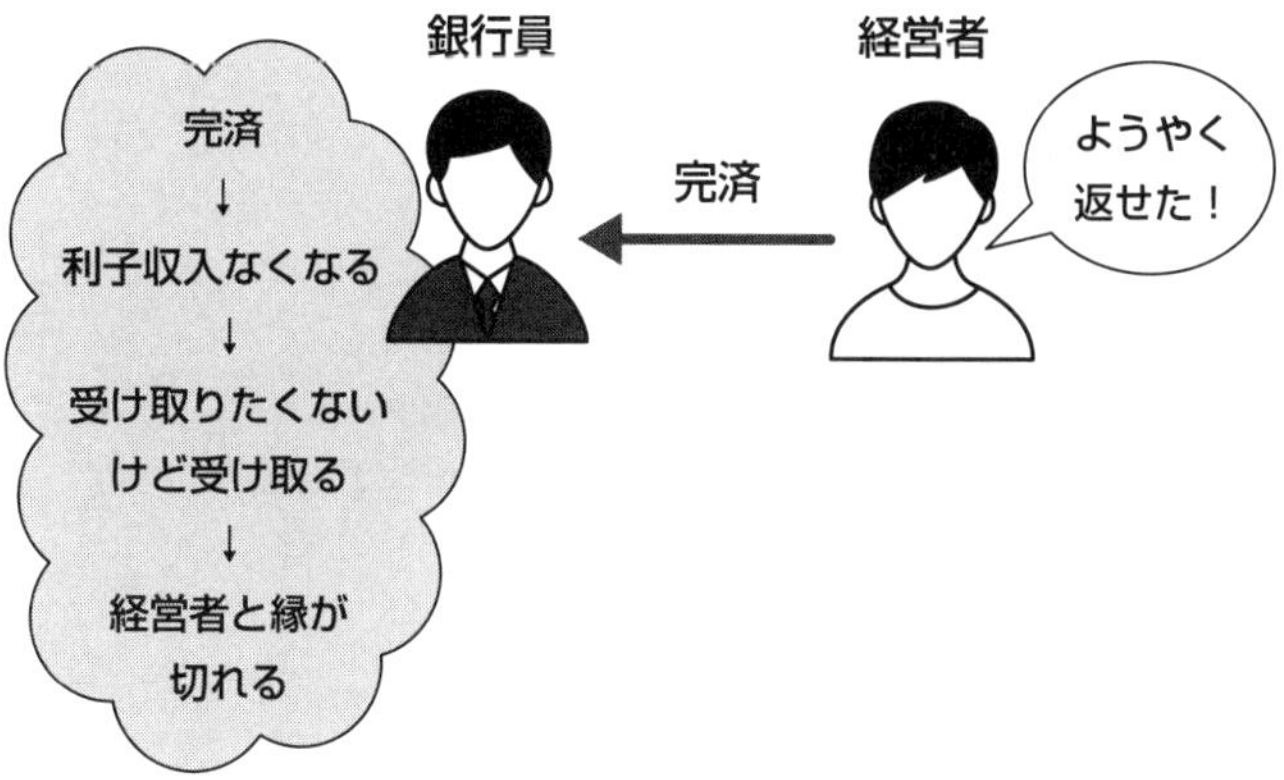

銀行員
経営者
完済
↓
利子収入なくなる
↓
受け取りたくない
けど受け取る
↓
経営者と縁が
切れる
完済
ようやく
返せた！

融資と出資の違いとは？

　ちなみに改めていうまでもないかもしれませんが、ここで「融資」と「出資」の違いに触れておきましょう。

「融資」というのは、基本的には銀行や信用金庫、公庫などの金融機関が、企業にお金を一定の利息をつけて貸し付けることをいいます。

　貸付ですから、当然ですが決められた期日までの返済義務が生じます。

「出資」は投資家が資金提供者となり、お金を資本金として提供します。

　資本金なので返済義務はありませ

ん。その代わりに経営権の一部や、生み出した利益に応じての配当やキャピタルゲインなどを得ることができます。

資金提供者にとって、「融資」はしっかりと利子をつけて返済してくれることが重要であり、「出資」は事業の成長性こそが重要です。

このように「融資」と「出資」は同じ資金提供でも性質と特徴が異なります。

ちなみに貸借対照表（バランスシート）では、「融資」は負債として記載されますが、「出資」に関しては純資産として扱います。

そんな中、じつは「融資」なのに、貸借対照表で「純資産」扱いされるものがあることをご存じでしょうか？

２０２０年10月27日、経営状態が悪化しているＡＮＡホールディングスに日本政策投資銀行が「劣後ローン」を実行することを発表しました。

これが「純資産」扱いとみなされます。

どういうことかというと、仮に債務者が倒産した場合、債権の種類によって優先順位があり、その順番で回収します。

「劣後」とはこの優先順位が低い債権ということです。ちなみに「劣後」というのは貸す側からの視点での言葉です。

ですから、実際に回収できる期待値が低い分、利子は高めに設定されているのが通常です。

ANAはこれによって**4000億円の融資を受けたのですが、この「劣後ローン」の特徴は融資であるにもかかわらず、バランスシートには「負債」ではなく、「純資産」として扱われました。**

融資なのに純資産扱いになるというのは実に不思議ですが、まさに資本注入ですから、「資本性劣後ローン」とも呼ばれます。

この**「資本性劣後ローン」は、一定期間元金の返済がありません。その間は利息だけ払い、最後に元金を一括返済するというのが基本。**

バランスシート上で一気に純資産が増え、財務体質が一気に改善するだけでなく、一定期間は元金返済がないのでまるまる資本金のように使えるのです。

困っている企業にとっては大変ありがたいローンですが、貸す側にしたらリスクが非常に高いものでもあります。

この「資本性劣後ローン」は東日本大震災の時も企業救済措置として導入されました。今回の新型コロナウイルス対策でも、すでに金融支援対策の第2弾として取り入れられています。返済期間は5年1か月、10年、20年のいずれかとされています。**もし20年という長期間の借り入れが可能になれば、ほぼ純粋な自己資金に近いと言えるでしょう。**

融資の次は「社債」発行、そしていよいよ本格的な「出資」へ

さて、銀行などの金融機関からの借金を「他人資本」や「出資のようなもの」だと考えると、私の返済不要の考え方が腑に落ちるのではないでしょうか。

銀行は、融資というよりも投資に近い感覚でお金を貸しているのです。

ですから、無理やり完済するということは彼らにとって、せっかく出資していた資金を突き返されることと同じなわけです。

すでにお話しした通り、**借金を他人資本と考えるなら、返済するということは「減資」ということ**にほかなりません。

それはあなたの会社にとってもそうですが、お金を貸している銀行にとっても同じことを意味します。

じつはこのような企業と銀行の関係の中に、資本主義の本質が眠っていると思います。

お金というのは自己増殖を図るものであり、そのために事業はつねに拡大再生産をするべく方向づけられているのです。

銀行が融資という形で資本注入を絶えず行い、事業を拡大するように促すのは、どんどんと利益を積み増していく構造、サイクルを作ろうとするためでしょう。

それは**絶えずお金がお金を生み出していこうとする、内在的な力によって突き動かされている**ともいえます。

ですから、このサイクルに乗りさえすれば、銀行はお願いしなくても資本を適宜注入しようとするのです。

これはすでに**私たちの日常生活での借金という概念を超えている**ものです。

銀行と付き合いが長くなると、彼らが事業者に対してどのように向き合っているか、その変遷が見えてきます。

中小企業の場合、このように利益を生み出す拡大再生産のサイクルに入ったとみると、銀行は融資枠をどんどん広げていきます。

しかも事業を今後も拡大するであろうとなると、信用力＝期待値はさらに高まります。

その会社の信用力がさらに高いレベルにまで達したらどうなると思いますか？

例えば、利益が５０００万円以上の会社の場合、仮にもう融資枠がいっぱいだとどうするか？　地銀などは「社長、そろそろ社債を出しませんか？」などと提案をしてきます。

銀行が社債を組んだ会社となると、地域での信用はさらに高まります。社債を組んだという情報は新聞に載りますから、あっという間に知れ渡ります。

社債で集めたお金は銀行からの融資とはまったく別物。融資枠がすでにいっぱいだろうと関係ありません。

銀行にとっても今度は社債のやり取りでの手数料が取れる。会社にとってもありがたいのですが、銀行にとってもありがたいｗｉｎ－ｗｉｎの関係を構築できるというわけです。

「返さない経営＝借り続ける経営」こそ真の経営だ

銀行の企業に対する向き合い方の変遷を見ると、企業に融資をしながらも、本質的には出資という意識が底に流れていると考えてよいのではないでしょうか？

ファンドは社債の延長線上ではなく、逆に厳しいが将来性が見込める先に使われる。あくまで融資という形で資本注入し、企業の規模と収益構造をしっかり育てる。そして事業が拡大し、大きな実をつけるようになったら次の支援を行う。

ここまで読んでいただければ、私が「借金を返済する必要はない」ということが、決して嘘でも誇張でもないことがわかっていただけたと思います。

世の中にはさまざまな企業があり、経営者それぞれに思惑と理想があります。すべての経営者が私の言うような継続的に利益を上げ続ける会社、事業規模を拡大し成長する会社を目指すというわけではないでしょう。

中には最初から「大きくすることが目的ではない」という経営者の方もいると思います。もちろんそれはそれで一つのスタイル。それこそ「無借金経営」を目指し、自分たちが生活できるぐらいのお金を稼ぐだけでいいと割り切るのも手です。

そういう人は私の借金経営に関する話を、あえて聞く必要はないかも知れません。

ただ、おそらく多くの経営者は、起業したからには事業を拡大し、規模を大きくしたいと考えているのではないでしょうか。それによって売上や利益を拡大し、雇用を増やし地域社会にも貢献するというのが、一つの理想としてあると思います。

だとするならば、**まず経営に不可欠である借り入れ、借金に対する意識を根底から変える必要があります。**

事業において借金は不可欠であり、怖いものではありません。

そして、「借金を返さない経営＝借り続ける経営」こそが、事業を拡充し信用をアップさせる奥義なのです。

以降のPARTでは、私自身が実践してきた借り続ける経営の内容を具体的に紹介し、そのポイントを明らかにしていきたいと思います。

PART 3

私の借金経営の実践記録

借金経営のために必要な経営のポイントは？

経営にとって借金は怖いものではない。むしろ事業拡大にとって必要不可欠なものであり、しかもその借金は他人資本であることをすでに触れました。

銀行からの融資は、たしかに建前上は返済する必要があります。しかし、毎月返済しながら、元本がある程度減ったら、再び借りることができます。それを繰り返すうちに信用ができ、さらに枠が広がりたくさん借りることができる。

事業が拡大し、信用があれば金融機関は黙っていても貸してくれるようになる。それは実質完済を迫られない借金であり、もはや借金ではなく「他人資本」の導入と同義なのです。

このことは、私が15年間税理士事務所を続け、その規模を拡大し続けたことで学んだことであり、実感です。

事業を拡大していくということになれば、運転資金確保のために銀行などからの融資が必要不可欠なのです。

そこで大事になるのが、借金とキャッシュフロー、あるいは自社の資産とのバランスをつねにチェックすることです。

手持ちのキャッシュフローと資産を合わせた金額より、借金の額の方が大きくなると黄色信号、赤信号です。

つまり、できる限りキャッシュフローと資産を合わせた額が借金の額と同額か、できればそれ以上になるようにすること。

これはすなわち、いつでもお金を返せる状態であり、さらにいうなら「いつでも事業をやめることができる」状態だということです。

実際、借金を完済することができずに、事業を続けざるを得ないため、赤字を拡大していき、最終的に倒産や法的整理をされてしまう企業は少なくありません。

これは私がずっとお話ししてきた、「借金は返さなくていい」ということと一見矛盾するように感じるかもしれませんね。だって、銀行は貸し続けてくれるのだからと。

ここで、お金を融資している側からの視点で考えてみましょう。

銀行がなぜ借金の反復増額に応じてくれるか？　それはその企業が成長し、拡大していること。売上と利益をしっかりと上げ、しかも大きくなっていることが大前提なのです。

企業がそのような状態であり続ける限り、銀行は利子を半永久的に払い続けてくれるその会社から完済を迫ることはありません。むしろもっと融資をして自分たちの利益を拡大化しようとするでしょう。

しかし、もし企業の売上が減少して利益もなく赤字体質になってしまったら、どうして銀行は融資を続けようと考えるでしょうか？

ですから、**借金と両建てのキャッシュフロー経営が成り立つには、潤沢な運転資金（借金）を元にして、事業を拡大し売上を伸ばすこと。そして、しかるべき利益を上げていることが大前提**になります。

そして、借りている側、経営者にとっての目指すところはキャッシュフローと資産の総額が借りている金額以上になっていて、「いつでも返せる＝いつでも事業を撤退しやめることができる」状態を指します。

会社と自分の未来を選択することができるか？

「いつでもやめることができる」というのは、言葉を変えるなら「出口戦略」ということでしょう。

企業は生き物でもありますから、自分が経営から離れても誰かがその立場を引き継ぎ、存続するかも知れません。「１００年企業」という言葉があるように、世の中には世代を超えて存続する優良企業もあります。

自分が生きている限り経営に携わるのか？　それとも60歳、70歳になったら経営を誰かに譲り、自分は新しい第二の人生を送るのか？

いずれにしても、自分で自由に選択できることがポイントです。そのためには「出口」をどこに設定するか？　そのために何が必要なのかを意識しなければなりません。

２００４年７月１日から税理士事務所をスタートした私でしたが、最初は「キャッシュフロー経営」という概念も、借金との「両建ての経営」の考え方もありませんでした。

ただただ、必死で事業を拡大して行く中で、5年目くらいから銀行との関係ができあがり、自分のスタイルが次第にでき始めたのです。

10年目を過ぎた頃から借金を増やしながらキャッシュフロー＝運転資金を確保し、事業を拡大するという「公門式キャッシュフロー経営」が確立されてきたように思います。そして14年目あたりで、自分のこの経営スタイルをもっと多くの経営者に広めていきたいと思うようになりました。

トントン拍子で会社譲渡が成立

もともと、コンサルタントの仕事もしたかったというのがあります。税理士という立場ではなく、コンサルタントとしてより多くの企業を実践的に少しでも改善したい。そんな気持ちが強くなりました。

そもそも、税理士の仕事は改正税法を追いかけていく仕事でもあるので、できても65歳くらいだろうと。私自身は「60歳になったらやめよう」と考えていました。事業を継承させる子どももいませんし、身近な人物に継がせるというのも思い当たらなかった。

そこで、M&Aなどで会社を譲渡する手はあるかな、と頭の片隅に考えが芽生え始めたのが、2018年、開業から14年目のことでした。M&Aをするといっても準備に5年程度かかるだろうと。そうすると55歳くらいから動き出せば60歳にちょうど手放せるな、というのが私の「出口戦略」でした。

そんな私自身の「出口」は、唐突にやってきました。人生とは不思議なもので、そのように自分の頭が切り替わったとたん、出口につながるしかるべき人が目の前に現れるものなのですね。

たまたまある勉強会で知り合いの弁護士さんにそんな話を漏らしたら、「ちょうど税理士事務所が欲しかったんだ」という話になりました。

そこからはもうトントン拍子で話が進んで1年もかからずにM&Aが成立し、事業譲渡が成功しました。2019年8月1日、50歳という年齢でしたから、予定より10年早く「出口」を見つけたのです。

15年間の税理士事務所経営の歩みを振り返る

さて、ここからは15年間の私の事業経営の歩みを振り返ってみたいと思います。

それによって、私がいかに銀行から借金を繰り返しながら、事業を拡大してきたかがわかると思います。

そこで、**実際の「売上」「営業利益」「借金総額」「償却前利益」「顧問先数と新規獲得の顧問先数」「スタッフ数」を公開**します。

こうした数値をもとに、15年間の私の事業の歩みがどういうものであったかを、ざっと知っていただければと思います。

そこで、15年の事業の内、とくに重要なポイントとなる年をいくつかピックアップする形で、私の借金経営の実際を見ていただきましょう。

ポイントは資産が年を追って増えていること。

そのほとんどが金融機関からの借り入れであること。

さらに、**毎年ごとに売上を伸ばしていて、キャッシュフローからしっかりと毎月の返済に充てていること**です。

つまり、PART1でお話しした、借金経営のありのままの姿がここにあります。

そして、借金経営の破壊力を感じてもらいたいのです。

数値を見ていただければ、年を追うに従ってどんどん増えていることがわかります。

それだけ会社が成長し、売上も利益も伸びているということ。

同時に借入金もどんどん増え続けていっているということなのです。

もし、**私が無借金経営をしていたら、絶対にこのように事業は拡大していません。銀行などの金融機関からの借り入れを「他人資本」として注入し、資本を増額したからこそ事業を拡大させることができた**のです。

15年間の経営の最後の収支は、これだけ借金をしていながらプラスで終えることができました。そして会社自体は存続し、社会の中で役割を果たし続けることができるようになったのです。

それではまず1年目から見ていきましょう。

1年目 2004年7月1日開業

カネなし、顧客なし、人脈なしの「三ない」からのスタート

それまでとある税理士事務所でサラリーマンとして勤務していた私が、いよいよ独立しました。まさにカネなし、顧客なし、人脈なし、でのスタートです。

開業資金は300万円。そのほかはたいした準備もせずに勢いで開業した感じです。佐賀市・佐賀駅近くの居住用マンションの一室（家賃7万円）を事務所にしました。

佐賀市は人口23万人ほどの地方都市です。

周りの先輩方たちからは、「佐賀市で開業しても企業の数が少ないから上手くいかないよ。福岡市で開業した方がいい」と言われました。ちなみに当時私が勤めていた税理士事務所は福岡市内でした。

ただ、当時は生意気にも、「福岡市だろうが佐賀市だろうが、しっかり仕事ができれば場所は関係ない」などと考えていました。

顧問先獲得も、〝何とかなるだろう〟くらいの気持ちでした。実際、顧問先3件を確保でき、スタートとしてはなんとかなりました。

ただし、事務所の机やイス、パソコンや各ソフトなどを購入して開業資金はあっという間に半分以下になりました。

そもそも開業資金だけでは足りないことがわかっていましたから、**公庫から運転資金を300万円借りました。**

これが私の「借金経営の始まり」というわけです。

もちろん、この時はその後さらなる借金経営に突っ走ることなど、これっぽっちも予想していませんでしたが……。

> **初年度営業成績（6か月分）**
> ・売上420万円　・営業損失174万円　・借金総額294万円
> ・償却前利益△81万円（赤字）　・顧問先数10件（新規7件）

公庫から300万円を借りて、創業赤字からの始まり

開業時の顧問先は3件からのスタートで新規開拓も7件進んだことで、順調な滑り出しでした。かねてから付き合いのある経営者の方から声を掛けてもらい、広げていけたのです。

それによって、半年程度で約400万円の売上が計上できたことはまずまずでした。ただし、**決算的にはマイナス174万円の赤字**です。

いわゆる「創業赤字」というやつで、これは致し方ない赤字です。ほとんどすべての企業が創業時には赤字になるものです。

いずれにしても、運転資金として公庫から借りた300万円が大変ありがたかった。創業融資はぜひ受けた方がよいでしょう。ほかの融資に比べてはるかに借りやすいのも特徴です。300万円を借りて5年返済として、月に5万円の返済ということになります。その間に利益を上げながら、資産を作り上げていくのです。

まずは順調な滑り出し

1年目が約半年で400万円の売上ですから、通年にすると800万円。まずまずということで、よい流れで2年目に突入できました。

顧問先も順調に増えていきましたが、やはり「地の利」が大きかったと分析しています。

というのも、たしかに佐賀市は人口23万人ほどで県庁所在地でもありますが、いってみれば田舎です。

だから、仲間たちには「福岡市で開業した方がいい」とさんざん言われたのですが、逆に田舎の地方都市では昔ながらの税理士事務所が多く、競合が少なかったというのが大きかった。

大体、税理士の平均年齢が65歳くらい。それも税務署OBの人たちが多かった。その中で、一人30代でフットワークよく動けて、Webマーケティングもする私のような存在がとても目立ったのだと思います。

3年目 2006年度

反復増額融資で借金が1000万円を超える！

3年目は、事業経営として動きがあった年でした。それによって銀行からの借金総額が200万円台から一気に1000万円近くになりました。

事業の動きの一つはタックハウスに加盟したことです。タックハウスとは税理士事務所のコンサルティングをしている会社で、顧問先も紹介してくれるということで加盟しました。

加盟金は300万円。開業したての事務所にとってはかなりの出費です。

しかし、これも大事な投資の一つと考えました。仮にそれによって顧問が1件増えたら年間50万円として6年でペイできます。2件取れれば3年、3件取れれば2年でペイできるじゃないか、と。

まず銀行より新規で300万円を借りました。

こちらは意外にスムーズに審査が通りました。初年度こそ赤字でしたが、2年目に黒字に転換して、事業も拡大している点を評価されたのだと思います。

この300万円をそっくりタックハウスの加盟金としました。

さらに開業資金を300万円借りていた公庫から、新たに反復増額で700万円を借りることに成功します。

すでに300万円のうち140万円を返済していたので、残りの160万円の残債を700万円の融資から返済するという形で、実質（真水）540万円が新たなキャッシュフローとなったわけです。

3年目営業成績

- 売上2100万円　・営業利益770万円　・借金総額975万円
- 償却前利益650万円　・顧問先数31件（新規12件）
- スタッフ2名（1名アルバイト）

公庫から借り換えを提案される

3年目で新規顧問先が12件増え、順調に営業を拡大できました。おかげで売上が2100万円、償却前利益は650万円と着実に増えていることがわかります。

公庫からの新たな700万円の融資は、こちらからお願いしたのではなく、向こうから「借り換えしませんか?」と言ってきたのです。

3年目ですが、これまで真面目に返済してきて、しかも業績も順調だということで「信用」してもらえたのだと思います。

先ほども書きましたが、銀行からの融資はそっくりタックハウス加盟金に消えていましたので、まさに渡りに船とはこのことです。

人件費などの諸経費支払いのために手元資金をどうしても増やしておきたかったので、提案に乗り融資を受けることにしました。

ただし、借金の総額はほぼ1000万円ということで、当時はさすがにビビりましたね。でも、一方でしっかり計算もしていました。

毎月の返済は14万円、年間で168万円になります。ですが、「預金が410万円あるから、2年間は返済ができるな。よし、行こう！」という感じです。

借金はあるけれど、手元には運転資金としてのキャッシュがある。

この時は意識していませんでしたが、振り返ってみるとこの年が私の「借金経営の原型」ができた年だといえるでしょう。

その後は「返済して借金」を繰り返す

その後は順調に顧問先を獲得し、順調に売上と利益を伸ばしました。

事業規模が大きくなると、仕事は増えますが経営は安定していきます。

税理士事務所はストックビジネスでもあります。顧問先とは一般的には長い関係を築くことになりますから、ある程度の顧問先を確保できたら安定するのです。

ここで、やはり3年目で公庫から反復増額で手元資金が増えたことが大きかった。精神的にも余裕がありました。

ちなみに他の税理士事務所との差別化ということで、顧問契約を年次契約ではなく、月次契約を基本にしていました。サービスの特徴を「月次決算」を行うことで、よりタイムリーな業況がわかるようにしたのです。

いずれにしても、タックハウスに加盟したことと相まって、このようなサービスの差別化が、新規顧問契約を順調に増やすことができた一つの要因だったと思います。

そして開業5年目にして顧問先件数が50件の大台に乗りました。

年間10件の新規顧問先を確保するという数字をクリアしたということです。また年商もほぼ3000万円となりました。年商3000万円はそのひとつの大きな壁に達したということ。その先の5000万円、さらに1億円の世界まで行ってみたい——。

そこで私は現状に満足せず、さらなる事業拡大を図ります。**その後5年目まで、借金の総額は約900万円でほとんど変わっていません。**返済してはまた借りるを繰り返していたからです。事業拡大路線をこのまま続けるためには、借金を続けていく必要がある。5年目になると、もはや借金経営が当たり前という意識になってきています。

借金は900万円あるけれど、キャッシュフローもある。まさに「両建ての経営」が意識せずとも形になってきました。

6年目 2009年度

事務所をマンションから新築一戸建てに

6年目、事業は新たな段階に突入しました。売上は3000万円の大台に乗り、償却前利益はほぼ1000万円となりました。それに伴い会計処理量も増え、スタッフを1名増員します。

事業の拡大に伴い、企業体も「脱皮」が必要な時期になってきました。さすがに開業時から借りている3DKのマンション一室では狭くなります。

そこで駅周辺のテナントを探しました。地方都市とはいえ駅近で駐車場も含めると月30万円ほど必要。

年間360万円、30年借りたら約1億円です。

ならばいっそ買ってしまおう！　ということで、新築移転へ考え方を一気にシフトしました。

そもそも佐賀市は土地が安いのです。駅から車で5分の距離感でも当時は坪20万円ほど。とはいえ、キャッシュで購入できるわけがありません。

新たに銀行が貸してくれるのであれば、ゆくゆくは購入した土地を最後に売って自分の退職金代わりにもできると考えました。

土地3000万円、建物2000万円の合計5000万円を、設備資金として銀行から借り入れることを前提に計画を立てました。返済期間は20年です。

6年目の営業成績

- 売上3037万円　・営業利益1048万円　・借金総額3498万円
- 償却前利益913万円　・顧問先数62件（新規11件）
- スタッフ4名

ある種感覚がマヒして借金が怖くなくなった

この年は、銀行からの借金が3498万円と一気に増えています。

つい数年前に借金1000万円でビビっていたのがウソのようですね。ある意味感覚がマヒしてきていたのかも知れません。

ただし、償却前利益が900万円もあるというのが安心材料でもありました。

スタッフ4名なら3DKでやれないこともありません。ですが、ゆくゆくはスタッフ10名くらいまで増やすことを考えていたので、毎月同じ金額を家賃として出すなら大きなところに移りたい。

土地150坪（約500㎡）で3000万円、建物は40坪（132㎡）です。この年、**3000万円を銀行から借り、土地を購入しました。**建物の建築と移転は次の年になります。

ちなみに、この判断は最終的に間違っていなかった。というのは、最後、16年目に事業を売却する際、土地も一緒に売ったのですが、土地価格が買値よりずいぶん値上がりしていたのです。

まぁ、ラッキーといえばラッキーですが、これも借金に対するアレルギーがなかったからできた判断の結果でした。

もうここまできますと、アレルギーどころか借金が7000万円でも1億円でも変わらないじゃないかという気持ち。変な自信というか図太さが出てきます。意識こそしていませんでしたが、借金は返さず借り続ける、借金は「他人資本」だという経営を実践していました。

その後10年目までは急拡大の時代

次の7年目には、銀行から2000万円の融資を受けて、事務所の新築移転を行いました。顧問先は何と一気に15件増えて77件に。売上も前年よりさらに増えて3664万円となりました。もはや普通の税理士事務所の規模を超えつつあります。

このまま突き進むぞ！　という感じで売上5000万円を意識し始めました。ここまできたらもっと規模を拡大しないといけない。ただし、営業利益がかなり落ちましたね。

これは移転に伴ってさまざまな事務所用品など経費が掛かったからです。もう、この金額では生活できない利益レベルですが、いかんせんキャッシュフローだけはありました。

そこでＷｅｂマーケティングを導入することにしました。

ただし、ホームページ作成で年間コンサルフィーとして３００万円掛かります。そのほか広告料など含めると年間４００万円の投資です。

そこで、ここでもまた**公庫の反復で３００万円を借りて投資**しました。

結果はどうだったか？

効果バツグンで、顧問数は１００件の大台に乗り、さらに拡大していきました。成長する会社ということで信用力もアップ、メイン行と他一行、それに公庫と3つの金融機関から資金を借り、借金経営は頂点に近づきます。

もう、こうなると資金を借りて、返すという感じで減らなくなる。実質返済しないという経営が、もはや自然の流れの中でできあがってきました。

10年目 2013年度

新規顧問激増で対応追い付かず Webマーケティングから撤退

10年目はいろんな意味でターニングポイントとなった年でした。

まず、Webマーケティングが前年に次いで大当たり。想定をはるかに超える新規顧問契約数で、なんと67件！

異常値でありもはや危機感を通り超えて恐怖感すら覚えました。

売上はおかげで7640万円に達しましたが、事務所の中は忙しさで、もうぐちゃぐちゃの状態でした。

スタッフをさらに増やして10名になりましたが、過酷な仕事に耐えられず辞めていく人も相変わらず多かったのです。経費も人件費も大変なロスで、おそらくこれだけで何千万円かはロスしています。

これまで、依頼してきた話を断ると先がないという気持ちから仕事を受けてきましたが、もはやそれも限界です。

これ以上増やすと既存のお客様に迷惑をかけるし、スタッフも疲弊している。その割に経営としてもロスばかりで利益も思ったように伸びない。

もうここまで。成長路線から手を引く決心をしました。

10年目の営業成績

・売上7640万円　・営業利益760万円　・借金総額6271万円

・償却前利益806万円　・顧問先数184件（新規67件）

・スタッフ10名

Webマーケティングから撤退し、安定期へ

10年目が私の事業経営に対する意識が変わった年だとすれば、11年目はいよいよそれを実践し実行していく最初の年でした。

1つはWebマーケティングの終了です。もはやこれ以上顧問数を増やしてもよい

ことはないと判断し終了しました。

これ以上手を広げず、既存の顧問先を大事にしていく方向にシフト。私の10年間の成長路線に終止符を打ちました。

ここ数年、事業が急激に拡大しましたが、同時に人件費や諸経費も掛かってしまう状態。労働分配率の推移にそれが如実に表れていますね。

労働分配率というのは粗利に対する人件費の割合です。それが8年目までは30％台だったのが、9年目以降から上がり、10年目から50％を超えています。利益を出すには労働分配率を下げることが肝要です。簡単なのは給料を下げることですが、それをしたら社員の士気は一気に下がり、辞めてしまうかもしれません。一般的には売上を上げて粗利を上げるということですが、もはやそれもキャパオーバーの状態です。

とにかくこれ以上顧問先を増やさず、人件費も経費もロスを生まないようにする。そうすればお金が残ることがわかっていますから。

11年目にはメインバンクの変更を行いました。

メインバンクの変更は通常はそんなにやらないと思います。しかし状況によっては私自身、顧問先に勧めることがあります。

それは例えばメインバンクから、もはや枠いっぱいに借りてしまって反復しづらくなったり、支払いがきつくなって条件を変更してほしいとなった場合。借りている銀行に交渉して条件変更、いわゆるリスケをお願いすると、かなり企業の評価が下がってしまいます。「破綻懸念先」とみられてしまうかも知れません。

そうなると、今度はその評価が他行にも影響を及ぼしてしまう可能性もあります。

それを避けるために、メインバンクの変更を行うのです。

他行が引き受けてくれる場合、他行は新規顧客獲得になるので喜びますし、こちらは条件変更にはならないので助かるというわけです。

もちろん、これには会社が成長していて売上をしっかり上げているということが大前提になります。

いずれにしても、返済先をまとめ、多めに借りることで真水を注入することができたのが大きかったと思います。

さらに**公庫の反復増額２０００万円に加え、この年から新たに信用金庫との関係ができ、５００万円の融資を取り付けます。**

このことによって10年目でかなり財務的に混乱していたのが、一息つくことができた。そして会社もいよいよ成熟期、安定期に入ります。

初めての減収で変わったこととは？

その後、12年目（2015年）は開業以来初めて売上が前年比減となった年でした。新規獲得をやめ、財務部門を閉鎖した影響でしたが、案の定というか利益の方は増益に転じました。

出ていくものが減りましたから、キャッシュフローが改善し、お金の流れが緩やかになりました。攻めるとお金が出ていくというのを実感しました。

日常の業務も少し落ち着きが出て、スタッフ10名のうち勤続10年以上の者が5名で、頼もしい限りでした。

同時に、減収になって感じたのは銀行の態度の変化です。

増益になって手元キャッシュが増えているにもかかわらず、融資の話をお願いしても、なぜかいい顔をしないのです。

あ、なるほど、こちらの成長がストップした、限界になったと判断したのだろうなと。

増加運転資金を出しづらい状況になったことを実感しました。風向きが変わる――、これは体験しないとわからない感覚かも知れません。

何かまた新しいステージに移行しなければならない。そのためには自己投資をしようと考えました。

現場は幸いベテランが揃っているので任せておき、私は東京や大阪などでセミナーを受けまくりました。

税理士業界もこれからはＡＩに食われる産業です。残っていくためにはコンサルとかアドバイスなどの付加価値サービスを考えなければならない。そのためのノウハウ、コンテンツを身につけなければと考えました。

当時は明確に意識していませんでしたが、これは同時に借金経営の出口戦略でもありました。

研修費、旅費、接待交際費などで年間１０００万円ほどもかけましたが、この自己投資がじつは最後の最後で大きくものをいうことになるのです。

東京・大阪の研修三昧はこの年も引き続き行っていました。その成果が出始め、コンサル事業での売上で研修費を賄えるくらいまで成長しました。

そんな私の動きに合わせるように、とくに信用金庫とのやり取りも深くなっていきました。

同時に借り入れも拡大し、融資残高は一向に減りませんが、手元キャッシュは潤沢にあるという状態でした。

この頃から、明確に資産と負債の両建ての経営を意識しだします。

借り入れもあるけれどキャッシュや財産もある、実質無借金経営です。

同時に意識したのが年末に「清算貸借対照表」を作成し、仮にいま事業をやめるとして、やめることができるかということ。つまり借金を資産やキャッシュなどで清算できるかどうか？

きっちりと清算できるなら、いつでもやめようと思えばやめられるということ。そうなると、いくら借金があっても少しも不安がありません。

ムダな借金？　いえいえ、手元に自由にできるお金があることがどれだけのメリッ

トと価値を生むか？　実際に体験した私だからこそ、痛感しているのです。

その後14年目（２０１７年）は、メインバンクが信金に変わった年でもありました。取引の中で自然と借入残高が一番多くなったのです。同信金は私が取り組み始めているコンサルタント業務に理解を示し、その成長性にかけてくれているということだと思います。

同信金がこれだけ前向きになってくれるのは、私の知り合いだった銀行員が同信金に転職して担当になってくれたということもありますが、もう一つ、福岡県の信金だということがあります。

佐賀県の隣県でちょうど県境にあり、佐賀市内での営業活動を高めていきたいという思惑がある。そこにちょうど乗っかる形で私のところとの関係が強固になったということです。

ですから**地方の場合、隣県の信金などの地域金融機関は、よい関係を築くと強い味方になる可能性が高い**ということを学びました。

ここにきてふと気づくのですが、自己資本比率はたしかに低いけれど、お金のある事務所になったなと。

固定費の半年分のキャッシュを持っていますし、固定資産（土地）もあります。いざとなったらいつでも返済できるので、多少バンバンお金を使っても平気です。そもそも士業なので、お金を使うといってもタカが知れています。

売上は８０００万円ですが、借入残高も同じく８０００万円。一見、負債が多いですが事業が健全に続く限り、元金を返さなければいけない状況ではありません。「なるほど、これが返さない経営だな」という確信がどんどん高まります。銀行は融資の利息で売上が上がっているわけです。

この確信から『21世紀の他人資本論』という冊子も著しました。自分の考えがどんどん実用的な手段としても、論としても形になっていく感じがしていた頃です。

同時にその考え方をもっと広めて、多くの経営者の参考にしてもらいたいという気持ちが強くなったのも確かです。

15年目で到達した借金経営の極意とは？

15年目に入って、コンサル事業は好調で売上をさらに伸ばしました。

借金は極端な話、もうこのままでいいと。

あとはコンサル事業を伸ばして売上を伸ばしていく。ということで、**公庫の反復で真水を1100万円注入**します。

さらに生命保険の解約分400万円で、新たな保険に200万円で加入、手元に200万円残りました。

キャッシュと簿外資産を合わせると4000万円となり、借入金の半分の資金量となりました。さらに**土地の含み益があり、キャッシュと土地で借入金を完済できる状況になります。8000万円の借金はまったく怖くありません。**

同時に、これまでの15年の間、顧問先と毎年決算報告会をしますが、ずっと変わらない会社がほとんどだと強く感じました。

今年も厳しかったけれど何とか頑張りました。また来年ということで、結局本質的に何も変わっていないし、改善もできていない……。

お付き合いがあるところだけでも、少しでも経営的によくなってほしい。そう強く感じるようになりました。自分の中でコンサルタントとしての意識がどんどん高まっていることに気づくわけです。

15年やった経験は、きっと何かの形になるだろうし、何かしらの役に立てることができるはず。それが事業の出口と重なって見えてきたのです。

60歳くらいで引退するというイメージはありましたが、もし会社を譲渡するということであれば、準備など5年かかるとして55歳には具体的に動かないといけないなと。

そこで前にお話ししたように、勉強会でご一緒した弁護士さんに、そんな話をしたところ「それなら」ということで話が進んでいきました。

15年という節目、コンサルタント事業と意識の高まり、両建ての経営と「いつでも返せる」状況、それらが重なった年。そこに事業譲渡の話が持ち上がる。まるですべてのタイミングが1つになったような流れでした。

自己資本比率が低くても、資産が大きければ大丈夫

なんだかんだいって売上は過去最高の9000万円台に突入しています。**資産も9577万円で過去最高です。**

総資産のうちのほとんどは借金なのですが、もはや「他人資本」として資本の一部という意識しかありません。ある意味、借金経営の最終形といってよいかもしれません。

たしかに自己資本比率は極端に低い。経営の教科書的には30%は確保したいということですから、論外の数字ということになるでしょうか?

でも、実際は銀行から「借りてください」と言われて、お付き合い融資を受けるほどです。現実の経営は教科書とは違います。

たとえ**自己資本比率が低くとも、資産があり、売上があり、キャッシュを持っていれば、気にする必要などまったくない！**というのが私の実感であり結論です。

それよりも気にするべきは「清算ＢＳ」だと考えていました。借金を返せるお金と資産があれば問題なし。あとは続けてもいいし、事業をやめてもいいし、会社を売却してもいい。選択肢はいくつもあるのです。

16年目 2019年7月まで

事業譲渡に成功し、コンサルタントとして新たな道に

前年から持ち上がっていた事業譲渡の話がトントン拍子で進みました。7月31日付けで税理士事務所の看板を下ろし、8月1日に事業譲渡します。15年間の借金経営の出口は結果的に事業譲渡ということになりました。

とはいえ、最初からこの形を目指していたというより、半ば偶然と必然の流れの中でこのような形になりました。

ただ、結果論ではありますが、一番よい形ではなかったかと思います。

続けようと思えばあと20年くらいは続けられたと思いますが、できるだけ早く次の人生のスタートを切ることができました。

次のステージは先ほどから触れているように、経営コンサルタントとして多くの企業をよりよくしていきたいと考えていました。

事業譲渡がうまくいったのも、他人資本を活用することで事業を拡大し、会社の箱をそれなりの大きさと内容にすることができたからだと思います。

最後の貸借対照表

総資産額9891万円

・預貯金2276万円　・他流動資産1743万円

・有形固定資産4637万円　・他資産1235万円

負債

・有利子負債9176万円　・他負債1200万円　・純資産△485万円

借金をすべて返して、手元に1000万円のキャッシュが残った

借金が多いのが特徴の経営ですが、BSに如実にそれが最後に表れていますね。BSはあくまで簿価ベースでの財産内訳ですが、これを時価ベースで評価し清算します。するとどうなるか？　借金が返せるのかどうかがポイントです。

まず、現預金が2276万円、他流動資産のうち売掛金が1600万円、キャッシュの合計が3876万円ということになります。

他資産のうち保険積立金が800万円、解約すると1600万円になり、キャッシュの合計は約5500万円となりました。

次に固定資産ですが、これが大きな含み益がありました。坪18万円で購入した土地は坪30万円に値上がりしており、大きな売却益を計上することができました。

そのため土地建物で5700万円となり、財産を現金化すると合計1億1000万円。借金が約1億円ですから、1000万円がキャッシュフローとして手元に残りま

した。

税理士事務所としては1億円という巨額の負債を抱えていましたが、終わってみれば資産超過会社ということでした。

借金経営で得たノウハウと経験こそが宝

15年間の決算を振り返ってみていかがだったでしょうか？

あれだけ大変な思いをして、最後にキャッシュフローがもっとなければ割に合わないと考える人もいるかもしれません。

しかし、事業を拡大する中で実にさまざまな人と出会いました。多くの刺激を受け知識や情報だけでなく多くの学びがあったと思います。

他人資本でたくさん仕事をする中で経験値を高めることができました。

何より借金ですが、潤沢なキャッシュフローの中で好きな車を営業車として乗り回し、研修のために全国を飛び回ることができました。けっこう贅沢な思いもさせてもらえました。

また、箱としての会社を残せたというのが大きいと思います。

200件の顧問を有する税理士事務所を地方都市に誕生させ、事業譲渡という形であっても残すことができました。

そして何より、借金とキャッシュフローの両建ての経営、借金を返さない経営のノウハウと理論を構築できたことが大きい。このソフトはやはり実体験によってしか手にすることができません。

そしてこのソフトが、第二のこれからの自分の人生の宝であり、資源となりました。

そして、忘れてはいけないのが、それらを与えてくれたのがじつは「他人資本」、つまりは「借金」だったということです。

PART

4 誰も教えてくれない、正しく借りる金融機関との付き合い方

銀行嫌いの社長さん、意識を変えてください

税理士として顧問先の経営者の方々とお付き合いして感じることは、銀行や銀行員が嫌いな方が結構いらっしゃるということです。気持ちはわからなくもありません。

「雨が降っている時に傘を取り上げ、晴れた日に傘を差し出す」

昔から銀行や銀行員を揶揄する有名な言葉がありますね。一面真実でしょう。しかも、銀行の潤沢な資金源は何かといったら、預金者のお金です。

「人の褌で相撲を取っているくせに、エリート面して威張っている」

そんな声が聞こえてきそうです。

〝感情的に好きになれない〟という理由で、やたらと銀行員に冷たく当たったり、居丈高な態度をとる経営者も少なくありません。でも、それはとても損をしていると考えてください。

借金経営でここまで会社を大きくし、さまざまなものを得ることができた私としては、彼らは〝良きパートナー〟であり、いざという時にキャッシュをどんどんと与え

てくれる出資者のようなありがたい存在でした。

改めていうまでもなく、私の他人資本経営は銀行の存在なくしてはあり得ません。

もちろんそのためには、最低限自社の売上が立っていて、成長していることが条件です。

その上でよい関係を築けば、これほど心強い味方はいません。雨の日だろうと晴れの日だろうと、彼らはこちらが言わずとも傘を差し出してくれるのです。

あなたの会社が順調に売上を伸ばし、利益を上げていたとしましょう。


銀行員がやってきて、「社長、もし入用であればご融資のお話などいかがでしょうか？」と言ってきたら、あなたならどうしますか？

そう、彼らがやってくるのは、決まって会社が順調に売上を伸ばしている時です。

やっぱり晴れた時に傘を差し出すって本当だなと思うかもしれません。

そして、「お金は十分回っているから、今は融資なんて必要ないよ」と、突っけんどんに断るかも知れません。

「なんて、もったいない！」

その場に私がいたら思わず叫んでしまうでしょう。必要のない時の銀行からの融資話こそ、じつは最大のチャンスなのです。

銀行が借りてくれと言ってきた時がチャンス！

とくに今要らないお金でも、銀行が「貸してくれる」と言ったら借りるべきです。使わずにとっておけばいいじゃないですか？

経営は、一寸先は闇。何があるかわかりません。

取引先が倒産したり、不渡りが出たりしたら？　売掛金の回収が何らかのトラブルで期日に間に合わなかったら？

資金ショートの落とし穴は、いつでもどこでもぽっかりと口を開けて待っています。

悪いことはいいません。とにかく借りて手元においておけばいいです。

そのリスクヘッジの安心感と価値に比べたら、数パーセントの利息なんてどれほどのものでしょうか？

何より、そこから銀行との二人三脚が始まるのです。銀行と歩調が合えば、とんでもないスピードでビジネスは目標まで辿り着くことができます。

銀行が借りてくれと言ってきた時こそビッグチャンス。それを断っておきながら、今度は事業がうまくいかないから貸してくれと泣きつく。向こうからしたら「ずいぶん、都合がいいですよね」ということになります。銀行は救済機関ではないのですから。

銀行の担当者をパートナーにして、何でも相談できる関係に

すでにお金を借りている場合でも、借りているということを変に意識してしまう経営者も多いでしょう。

銀行員が来ると、まるで取り立て屋が来たように構えたり、決算書を見られて何か

言われるんじゃないかとビクビクしたり……。

結局、「融資」を「借金」と考えるからおかしくなるのです。

たしかに名目的には借金であり、返さなければいけないお金です。ですが、すでにお話ししたように、本質的には返さなくてもいいお金＝他人資本と考えることもできます。

実際、彼らが完済を迫ることはよほどのことがない限りありません。**銀行は融資といいつつ、本質的にはあなたの会社に〝投資〟をしてくれるようなもの。**

銀行員が営業に会社に来たら、どうか丁重に扱ってください。お茶を出して、時間を取って話をする。雑談でもいいですし、会社の将来像でもいいのです。

彼らも人間です。そしてたくさんの会社を見ています。

あの社長さんは好意的だなとか、前向きだなと感じるはずです。

そして「なんとか力になりたい」「成果が出るようにしたい」と思うはずです。

すでに融資を受けているならば、変に会社のことを隠したりせず、腹を割っていろいろ相談するべきです。

私はクライアントには「銀行の担当者とは友達になってください」と言っています。

彼らもまた営業成績を上げるために必死です。新規の融資先を増やし、その額を増やしていくことが、そのまま彼らの成績になります。

自分が担当として融資をした会社には、何としてもよくなってほしいと真剣に考えているのです。

一種の「パートナーとしての関係」ができあがったら、そして、「この会社なら」という信用を得れば、彼らは熱心に融資をしてくれます。その実績によって彼らの成績もアップする。

中小企業が規模を拡大し、経営を安定させるためには、まず銀行との連携、協力関係が不可欠です。そのことをまず理解し、そのように行動してほしいのです。

付き合う銀行は公庫含めて「最低3行」に

付き合う銀行は1行でなく、できれば3行と付き合うことがベストです。

3行というのは1つが政府系の日本政策金融公庫だとして、あとの2つが民間の銀行ということです。公庫はやはり創業資金から付き合ってくれるところなので必須ですね。

複数の銀行と付き合う狙いとはなにか?

1つは**競合させることで、こちらが多少でもイニシアチブを握ることができるからです。**

競合がいると、如実に対応が変わってきます。担当者にとっては、他の銀行に食われるのではないかという緊張感が生まれる。

もし大切な顧客を他行に奪われたら、担当者としての評価はガタ落ちです。ですから対応が丁寧になるし、スピードも速くなります。

ただし、あくまでパワーバランスを取るためで、本当に切り替えてはいけません。中には「うちのところで全部まとめてくれませんか?」と切り出してくる担当者もいます。しかし絶対にその類の話に乗ってはいけません。

もう1つの銀行に不義理を働くことになり、以後その銀行とは取引は難しくなるでしょう。せっかく広がった銀行との付き合いが狭まるだけでなく、競合させることでのメリットがなくなってしまいます。

そして2つ目の目的こそが、私が提唱する借金経営にとっては大事なことです。それは**借りた時期をずらすことで、3行から順番に「借りて返す」を繰り返し、資金をくるくると循環させる**のです。

例えばA行から今年1月に1000万円、B行から来年1月に1000万円、C行から再来年1月に1000万円を借りるとします。

それぞれ年間120万円ずつ返済したとしましょう。ちなみに利子はこの際考えないことにします。すると丸3年後、A行の残債は640万円、B行の残債は760万円、C行の残債は880万円となります。

そこで4年目の1月にA行から1000万円を反復融資してもらい、360万円の真水を入れ、年間の返済原資に充てる。

その翌年、今度はB行から反復融資をしてもらい、360万円を同じように返済原資に充てると、手元資金を温存できます。

次の年はC行、さらに次の年はA行に戻って、と繰り返していくのです。

順繰り回しながら、場合によっては反復増資で枠を広げてもらい、手元キャッシュをさらに潤沢にしていくのです。

借りては返す借金の無限ループの完成

これで借金の無限ループの完成です。

でも、これって多重債務者の借金が、雪だるま式に増えて破綻するパターンじゃないの？　と思うかもしれません。

たしかに返しては借りて、元本が減らず払っている利息だけが積み重なっていくという形は同じです。

ただし**決定的に違うのはなんといっても「金利」**です。多重債務が問題になったのは、年利約30％というべらぼうな利息を取っていたから。

もう1つはそのお金は事業に使うお金であり、それによって利益が生まれるお金であることです。

単純に、借りたお金であっても、その利息以上のお金を稼ぐことができれば差し引きはプラスになるわけです。

何度もいうように、**借金ではなく他人資本の注入と考えれば、それは事業の原資な**わけです。

利息よりも大きなリターンを得れば問題ありません。

株式では、お金を集めて利益が出たら相応の配当を払いますよね。その配当分と同じと考えればよいのです。


いずれにしても、公庫も含めて最低3行で回すというのが借金経営のポイントです。できれば4行。というのは、最近はよく金融機関の合併がありますからね。民間の金融機関が2行だと、そんなことが起きてしまったら、いきなり1行になってしまうからです。

取引先の銀行を増やす時の注意点は？

メインバンクのほかに付き合える銀行を増やしたい。そう考えたとしてはたして、すんなり増やせるものなのかという質問をよく受けます。

結論からいえば業績さえまともであれば、すんなり増やすことができます。何の問題もありません。

基本的に銀行はお金を貸したいのです。とくに新規顧客の開拓に関しては貪欲です。ただし、たくさん借りて、しっかりと返してくれる成長企業であれば、です。

その意味で、すでに公庫のほかに1行から融資を受けているというのは大きなポイントです。

他の銀行との付き合いがあり、それが継続しているということは、成長性や将来性を評価され、しかもこれまでの返済も滞りなく進んでいるという証明になるからです。

これほど確実な審査はありません。ですから2行目以降は、想像以上に前向きに融資してくれるのです。

もちろん最初は小口で300万円くらいからですが、毎月返済をしっかりこなせば、すぐに枠を広げてくれるはずです。

ただし、新規で取引金融機関を増やす場合は、自分から突然飛び込みで銀行に行くのはやめた方がいいでしょう。

いきなり銀行を訪ねて「お金を貸してほしい」と言うと、よほどお金に困っているのかと警戒され、マイナス評価をつけられてしまいかねません。

1行目もそうですが、やはり第三者からの紹介が無難でしょう。私がいうのもなんですが、**税理士からの紹介が一番いい**と思います。

実際、公庫などは税理士からの「紹介制度」というのがあります。どれだけその制度でクライアントを紹介したことか。公庫だけでなく銀行にもさん紹介しました。私の担当者にとっても、営業成績が上がって、よかったと思います。

税理士以外であれば、**例えば商工会議所や経営者などのつながりの中で、主要な人物に銀行を紹介してもらう手もある**でしょう。

私自身はあまりそういうつながりが得意ではなかったのですが、一般的にはそのような横のつながりも大事にしておくべきだと思います。

そうやって紹介されたとしても、銀行員にいきなり本題をぶつけるのではなく、「すでに他行との付き合いはあるけれど、将来的なことを考えてもう少し距離感を近くしてやってくれるところを探しています」という感じで話す。

あくまでも将来に向けて新しい関係を築きたい、というスタンスでいくのがよいと思います。

上手に銀行を競わせつつ、顔を立てる

ちなみに私の事務所の場合、金融機関との付き合いの順番は、公庫→某銀行→某銀行→某信用金庫という順番でした。

この間、メインバンクも某銀行、某銀行、某信用金庫と変遷しました。

公庫を含めほぼ3行体制でしたが、その中でも会社の成長とともに各金融機関のバ

ランス、関係を逐次調整しながらダイナミックな力学の中でお金を回してきたという感覚があります。私の事務所に興味をもってくれて足繁く通ってくれる銀行の融資が必然的に増えていきました。

ポイントは変に隠し立てせず、情報開示すること。そして不義理をしないことです。

A行とB行の2つの銀行と付き合っていたとして、例えばA行から融資の提案があって新しい機械を入れることを考えているとして、そのことをB行にも伝える。B行が「じゃあ、金利を安くするのでうちで融資させてくれ」と言ってきたら、そのことをまた、さりげなくA行に伝える。

こうして競争させながらも、状況に応じて「今回はそういうことでA行でいくけれど、次の運転資金の融資はB行さんの方にお願いしたい」というように調整する。情報を開示しながら調整し、お互いの銀行を競争させつつ、かつ顔を立てながらやるのです。

そうすると、銀行同士でもお互いに調整しあって、「半分ずつ融資しましょう」なんて話になる時もあります。これを協調融資といいます。

銀行とよい関係を築くための3か条

ある程度の駆け引きやテクニックは必要ですが、金融機関とよい関係を築くための基本は、そのような些末なことではありません。

私の経験からお話すれば、大事な要点は次の3つです。

1つ目　自分の会社の状態を数字で客観的に把握しているか？
2つ目　その上で会社をどうしたいというビジョン、目標を明確に持っているか？
3つ目　それらをつねに銀行の担当者にアピールしているか？

この3つができていれば、銀行の担当者のあなたに対する評価と信頼度は一気に高まります。

とくに難しいことではないでしょう？

経営者であれば、この3つはできていて当然のこと。ところが意外にもできていない、あるいは、しようとしない経営者が多いのです。

まず、1つ目の会社の状態を数字で客観的に把握しているかどうかが大前提です。

私たちの事務所では、月次決算というのをやっていましたが、できれば毎月の会社の業績を数字でしっかりと認識することです。

通常は税理士から試算表という形で会社に送られてきます。

それをしっかりと確認し、今の会社の状態がどういうものかを把握する必要があります。売上、利益、管理費、利益率などの数字を確認しましょう。

その現状を客観的に認識した上で、業績が予定通りか？　できていないのであれば何が問題なのか？　その問題をどう解決・改善していくか？　会社をどの方向に進めていくか？

これらを社長が認識し、決定しなければなりません。

四半期に1回、「社長レター」を提出せよ！

そして、それを社長が自らの手で、自分の言葉でまとめた報告書を銀行の担当者に定期的に渡すのです。名付けて「社長レター」。

年間、前期と後期1回ずつ、あるいは四半期に1回の計年4回ぐらい、自社の状況報告書を取引している銀行の担当者に提出するのです。A4サイズの紙に2枚程度の分量で十分です。

ポイントは社長自身が自分の言葉でまとめること。

経理担当者にやらせてはダメです。「社長が自ら作る」という事実が大事なのです！

本来、キャッシュフロー計算などを考えると大事なのは貸借対照表ですが、銀行へ報告をする場合は損益計算書中心でよいと思います（できたら、キャッシュフロー計算も）。

なかでも、銀行が一番気にしているのは「売上が伸びているか」どうかです。

利益が出ていればもちろんいいのですが、やはり規模をどんどん拡大しているかどうかという点が一番のポイントです。

社長レター

令和２年10月31日

令和２年10月(上半期)の業績を報告します。

1.損益面実績

(単位：千円)

	R1年９月	R2年９月	実績対比	前年比(%)
売上	67,098	64,702	**-2,396**	96.4%
売上総利益	36,430	35,231	**-1,199**	96.7%
販管費	28,946	27,987	**-959**	96.7%
営業利益	7,484	7,244	**-240**	96.8%
経常利益	7,900	6,744	**-1,156**	85.4%
当期純利益	7,900	6,744	**-1,156**	85.4%
粗利率	54.3%	54.5%	—	—

2.お金の残り具合

利益		減価償却費		キャッシュフロー		借入金元金及び未払金返済額
6,744	＋	1,140	＝	7,884	＞	2,100

3.現況

新型コロナウイルス感染症の影響はあまりなく、例年と変わらないくらいの仕事量です。売上減少の原因は主に部品交換が少なかったことと分析しています。今後は故障の予防という観点から早めの部品交換も提案していくようにしたいです。

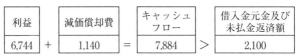

4. 販売費及び一般管理費

・広告宣伝費
300千円減少しています。前年は HP の作成費用が上がっていたからです。

・給料手当
470千円減少しています。社員の残業が減ったためです。

・減価償却費
540千円増加しています。サービスカーを買ったためです。

・接待交際費
460千円減少しています。コロナの影響で会食が減ったからです。

・保険料
150千円減少しています。無事故のため割引が適用されたからです。

・車両費
300千円減少しています。リースの支払いが終わったからです。

5. 決算予測

（単位：千円）

	R2 年 3 月	R3 年 3 月	実績対比	前年比（%）
売上	117,098	115,000	**-2,098**	98.2%
売上総利益	64,403	63,000	**-1,403**	97.8%
販管費	56,438	55,000	**-1,438**	97.5%
営業利益	7,965	8,000	35	100.4%
経常利益	8,381	8,500	119	101.4%
当期利益	8,381	8,500	119	101.4%
粗利率	54.9%	54.8%	—	—

売上予測としまして、この２年間のデータを見ると下半期の平均が、約 50,000 千円ですので、上半期と足して 115,000 千円と予測します。下半期では、在庫をなるべく抑えて利益率を上げたいと考えております。

税理士が出してきた試算表を見て、必要な数字を抽出し損益面の実績をまとめる。できれば月次推移の数字などもあればなおよいでしょう。

そして**大事なのは、その後に社長自らの分析を書く。長くなくていいのです。せいぜい200～300字程度で大丈夫。**

その上で改善点や目標などを書き添える。第3四半期などのレポートでは「決算予測」などを入れるのも効果的です。

まずは損益実績を前年同期比とともに明らかに

121ページと122ページが、「社長レター」の例です。

この会社は機械などの修理をしている会社ですが、上半期（4～9月）の業績報告をまとめています。ご覧になってわかるように、まず損益面の実績を前年同期の数字と比較しながら表にしています。

やはり単に今期の数字を出すだけでなく、比較が必要です。同レターのように、前年同期比が最も一般的でしょう。

2020年の上半期業績報告ですが、まずは「損益面実績」の数字を出していますね。項目は「売上」「売上総利益」「販管費」「営業利益」「経常利益」「当期純利益」、それに「粗利率」の7つです。

決算書には「販売費及び一般管理費」の中に「通信費」や「接待交際費」といった細目が出ていますが、これらは端折って構いません。「売上がいくらか」「利益がいくらか」がわかればいいのです。

さらに、当期だけでなく、前年同期（前期）の数字を並べ、実績対比と前年比（％）を出しています。このような比較ができるようにするのもポイントです。

残念ながら、当期は対前年同期比に比べて業績が落ちていますね。

次に「現況」で社長の考えをまとめる

121ページの「損益面実績」を基にして、現在の業界全体の状況、その中での会社の現況を報告します。

売上や利益が増えたのか減ったのか、その原因と理由は何かを分析し、来期に向けてどう臨むかなどもできれば書き加えます。

この現況分析があるかないかでまったく印象が異なります。**できるだけ社長の言葉で、率直に書きましょう。**

それによって、社長は業界や会社の状態をしっかりと認識している、ちゃんと向き合っていることが伝わるのです。

上手な文章を書く必要などありません。

このレポートを社長自身が自分で作っているということを伝えることが目的ですから、むしろ社長が日常で使っている表現でいいのです。

さらに、その次に「販売費及び一般管理費」を出しています。

最初の表では細目を出していませんでしたが、ここで詳しく説明します。

「広告宣伝費」「給料手当」「接待交際費」など、主に固定費の内訳と、増減に関して一言説明しています。

これによって、会社のお金の使い方に偏りやムダがないこと、しっかりと経営を行っていることを伝えることができます。

通常ならここまでで十分ですが、第3四半期は決算前ということで決算予測を付け加えます。

現状からいくと、今期の見込みはどうか？　それによって決算がどんな数字になるかを予測して数字にします。

「着地点の予想」を社長がすることで、このままだと売上がさらにどれくらい必要かといったことがわかります。次の実行計画が〝具体的〟に見えてくるということで、銀行側にとってもより強いアピールができるのです。

この例でいうのなら、売上は落ちているけれど営業利益は上がっていることがわかります。

ただし、**融資を受けるポイントは利益よりも売上**です。

ということを踏まえて社長が、よし何とかして売上を来期これくらいまで伸ばそうという目標が見えてくるはず。

やるべきことが見えているということ。それを社長がしっかりと認識して経営努力をする姿勢を銀行側に伝えることが、このレターの目的です。

しっかり経営と向き合っているかを銀行は見ている

いかがでしょうか？　とくに難しいものではないと思います。

レポート用紙で2枚から3枚。しかも四半期なので年に4回です。

はっきりいいます。

これだけで銀行の「あなたとあなたの会社に対する見方」は180度変わります。

「あぁ、しっかりと会社と経営に向き合っている社長さんなんだな」というのが、これだけで伝わるのです。

何度もいいますが、社長自身が自分の言葉でまとめるところがポイントです。

極端な話、間違っていたって構いません。数字を入れる場所が違っていたって、誤字があったって構わないのです。むしろそれくらいはご愛敬。

「あ、社長は前向きで頑張っているな」というのが伝わります。

たとえ多少数字が悪くても、来期に向けてどうするかという社長の考え、姿勢がはっきり出ていれば安心します。

そんなに大変な作業ではないはずですし、社長が会社を客観的に把握する意味でも必要なことだと思います。ところがこれをやっている中小企業の社長は、実際10人中1人いるかどうか。

だからこそ、これを続けたら銀行側には大変なアピールになります。それは確実に融資の時に評価されます。

そんなに本格的に勉強する必要はありませんが、少なくとも、この実例に出てくる表の項目の内容を理解しておいたほうがよいでしょう。

借り続ける経営といつでも返せる経営は本質的に同じ

法人というのは、人間が人格を持ち社会の一員として認められると同じように、会社も法人格を持ち、社会にその存在を認められています。

人間の場合は寿命が大体決まっていますが、法人の場合、基本的に寿命はありません。倒産しない限り存続することができます。

「100年企業」という言葉がありますが、創業200年、300年の会社もあります。

とくに何か障害がなければ、企業の寿命は永遠であり、事業活動はずっと続いていく。

企業や事業の永続性を「ゴーイング・コンサーン」と呼びますが、それが前提となっているのです。

私がここまでお話ししてきた借金経営は、そのゴーイング・コンサーンを前提として、ずっと「借りては返し、また借りて」というサイクルを繰り返すことで、実質「返さない経営」ということでした。

銀行はまさに融資という形で実質は投資をしているのであって、金利というインカムゲインによって利益を継続的に得ることを目的としているというのが、実態でしょう。

とはいえ、事業活動は何があるかわかりません。

今回の新型コロナウイルスの感染拡大のように降ってわいたような厄災によって、図らずも事業継続が難しくなる場合もあるでしょう。そうなると、銀行も今度は融資したお金の回収に走るかもしれない。

あるいは経営者がまったく違った仕事や生き方をしたくなって、事業を突然畳んでしまうこともあるかも知れません。私のように事業を譲渡するケースもあるでしょう。

いずれにしても、今の事業を継続できない、あるいは、しないということになると、その時点で銀行からの借金は返さなくてはいけないお金になります。

完済するには自分の会社の資産とキャッシュフローを合わせたお金で返済できるかどうかが前提になります。

もし、自分がどこかの段階で事業から手を引く、廃業を考えるのであれば、完済するためにどれだけの資産を保有し、キャッシュを持っていなければならないかを、つねにチェックしておく必要があります。

そして逆算して、毎年どれだけ利益を上げ、資産を増やしていかねばならないかを把握しておく必要もあるでしょう。

いずれにしても、銀行との付き合いの中で賢く借りて賢く返すには、**ばくぜんと売上や利益を上げようというのではなく、お金の流れをしっかりと把握し、意識的かつ戦略的に銀行と付き合い、お金を回しながら財産を増やしていく必要がある**ということです。

それがお金を借り続ける「公門式キャッシュフロー経営」なのです。次のＰＡＲＴではその極意を改めて詳しくお話ししたいと思います。

PART 5

つぶれない経営 =公門式キャッシュフロー経営のすすめ

利益とキャッシュフローは違う

ここまでの話で、企業経営においてキャッシュフローがいかに大事か、わかっていただけたと思います。

利益が出ている、黒字なのに倒産してしまうのはPART1でお話しした通り、キャッシュフロー、資金がショートして経営が回らなくなってしまうからです。「勘定合って銭足らず」という黒字倒産の状態です。

逆にいうと、たとえ赤字が続いていたとしても、キャッシュが回っている限り、企業は存続できます。

利益はキャッシュではありません。利益がたくさん出ていることと手元にお金があることは別物です。ここを混同してしまうと、先ほどの黒字倒産の憂き目に遭うことになります。

決算報告書で利益が出ているのに、「なぜ手元にお金がないんだ！　これじゃ税金が払えない」と慌てる経営者がいます。

皆さんも日常的に経験している〝利益と手元現金の不一致〟です。

この不一致はなぜ起こるか？　ここに会計上の謎があります。すでに触れていますが、もう一度おさらいしておきましょう。

そもそも、決算書の中の損益計算書、この計算書は何を示しているのでしょうか？

損益計算書は、会計期間の経営成績を表示する報告書です。

経営成績とは、名称の通り会社が利益を出しているかどうかの指標です。会社が儲かったか？　損をしたか？　を表しているのです。

あくまで「損益」を表す計算書であって、「お金」が増えたか、減ったかを表す計算書ではありません。

つまり、「利益」と「キャッシュ」は別モノなのです。この違いを認識できているかどうかがとても大事なのです。

では、「利益」とは何なのか？

利益とは、キャッシュのことではなく「会計情報」なのです。会社の業績を説明するためにつくられた会計上の概念、表現に過ぎません。会計の目的である、企業の利害関係者に提供する情報なのです。

外部に報告するために作られた情報なので、そのまま自社の経営に役立つ情報ではないのです。

だから、これからの時代は損益計算書を見ていてもお金が残る会社にはならないでしょう。

「変動損益計算書」で固定費を明確化する

経営者としては、会計情報ではなく、もっと経営に役立つ実践的な情報が欲しいと思うでしょう。

それは実際にあります。経営に役立つ「計算書」がしっかりとあるのです。

「変動損益計算書」というものをご存じでしょうか？　こちらも損益計算書という名

がついていますが、まったく別モノの計算書です。

会計には、企業の経営成績と財政状態を外部の利害関係者へ報告する「財務会計」と、企業の経営陣の経営判断に活用する「管理会計」という2つの会計が存在します。

変動損益計算書は「管理会計」で、経営者の意思決定に役立てることを目的とした損益計算書なのです。

変動損益計算書は、通常の損益計算書を〝変身〟させてつくります。

売上原価、販売費、一般管理費などの経費を「変動費」と「固定費」という経費に分類してつくった損益計算書なのです。経費の分類方法が違うことが大きな特徴です。

本当の黒字とは固定費より利益が大きいこと

ここで、「変動費」と「固定費」の特徴について説明しておきましょう。経費を「変動費」と「固定費」に分類して集計することが、利益を出す経営の肝になるのです。

「変動費」とは、売上に比例して増減する費用のことです。具体的には、商品仕入、材料仕入、外注加工費などが変動費にあたります。売上が増加すれば増え、売上が減少すれば減る経費のことです。

これに対して、「固定費」とは、売上の増減に関係なく一定に発生する固定的な費用のことです。具体的には、給料、家賃、減価償却費、リース料などがあげられます。

この「固定費」は会社が黒字だろうが赤字だろうが必要になるお金です。家賃や人件費、リース料は、どんな状況であれ毎月一定額を支払わねばなりません。

ですから経営としては、固定費以上の利益を確保していくことが一つの経営の目安となります。固定費以上の利益が出て初めて、本当の意味での黒字となります。

黒字とは、「固定費＜利益」の状態のことです。

ですから、固定費をしっかり認識することが、黒字経営の第一歩になるのです。

また、固定費と利益が同額の地点を損益分岐点といいます。したがって、年間固定費を把握すれば、その額よりも大きな利益を確保しなければならないことがわかります。

そして、その利益を上げるためにはどれくらいの売上が必要かも算出できます。その売上高のことを、「損益分岐点売上高」といいます。

損益トントンになる売上高のことです。まずはこの「損益分岐点売上高」を目指していくことが、キャッシュフロー経営の第一歩なのです。

固定費と利益の関係が視覚的にわかる「お金のブロックパズル」

「変動損益計算書」は、経費を固定費と変動費にわけることで、損益分岐点などが明確にわかるようになっています。

変動損益計算書に従って、売上高や変動費、固定費などから粗利や利益を導き、会社の収益構造を見やすくしたのが、「お金のブロックパズル」です。

これは西順一郎氏が考案したSTRAC表（現・MQ会計表）をもとに、和仁達也氏が会社のお金の流れの全体像を視覚的につかむために考案したもの。

この図を見れば、視覚的に会社の収支状況、収益構造がわかります。決算書や試算表とにらめっこしなくても、はるかに簡単に把握できる優れものです。

お金のブロックパズルは次の7つのブロックからできていて、7つのブロックがそれぞれどういう関係にあるかを示しています（図A参照）。

ちなみに各ブロックの内容は以下の通りです。

- 売上高＝会社の年間売上高や月間売上高
- 変動費＝売上高の増減に伴って変動する費用。「売上原価」「仕入高」「外注費」など
- 粗利＝売上高－変動費
- 固定費＝売上高の増減に影響されない費用。「人件費」「家賃」「リース料」など
- 利益＝粗利－固定費
- 人件費＝「賃金」「ボーナス」「各種手当」「法定福利費（健康保険、厚生年金など）」など
- その他の固定費＝固定費－人件費（支払い利息等は固定費に含めて計算）

このブロックのほかに、次の2つの数字が重要になります。

・粗利率＝売上高に占める粗利の割合
・労働分配率＝粗利に占める人件費の割合

少し細かく説明すると、変動費は業種によって違いがあります。卸売業や小売業、サービス業などでは売上と仕入代金の増減はほぼ連動します。つまり、仕入代金が変動費ということになります。

図A

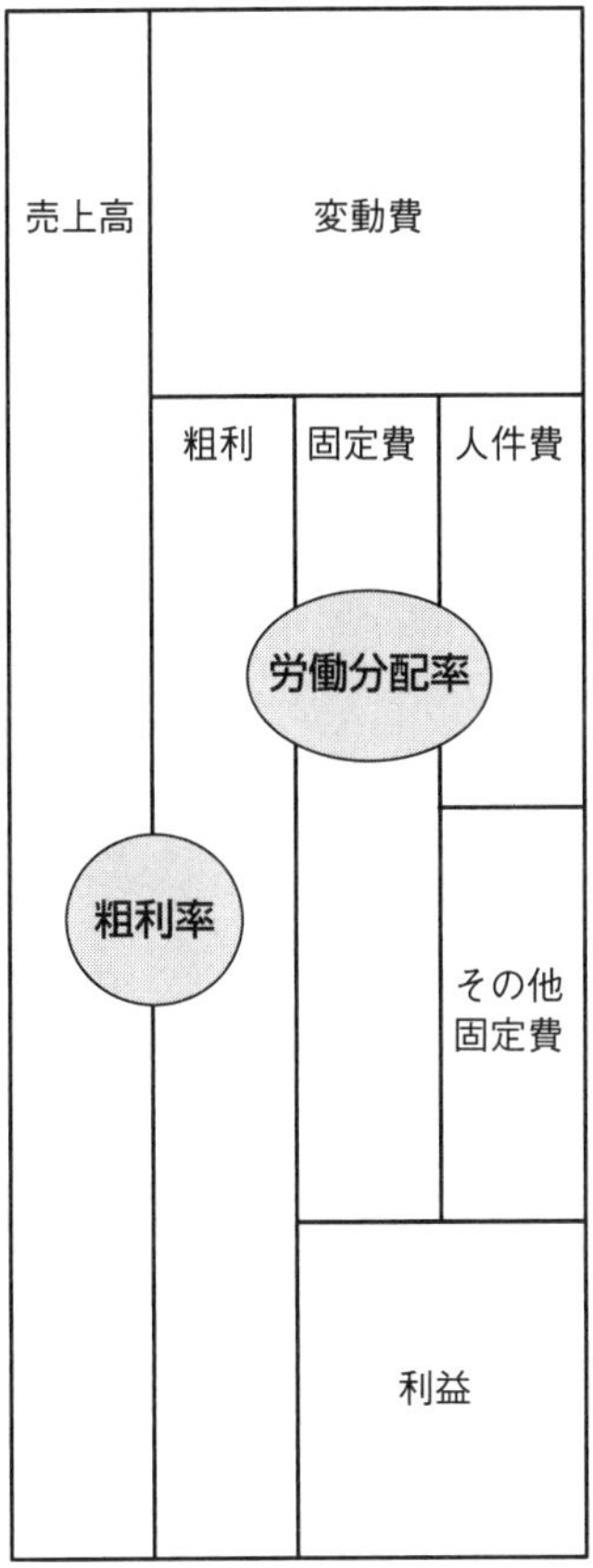

損益計算書の売上原価が変動費と考えてよいでしょう。

これに対して製造業や建設業の変動費と売上原価は必ずしも連動しません。その理由は製造原価に労務費があるからです。

労務費は社員の給料であり、基本的に売上高に左右されません。ですから製造業や建設業では売上原価から労務費を除いて考える必要があります。

売上高から変動費を除いたものが粗利となります。粗利は企業が生み出した付加価値の総額といえます。

粗利から固定費を差し引いたものが利益となります。固定費は人件費や賃料などからなり、その他の固定費とは、水道光熱費や家賃、リース料などがあります。

税金や返済分を差し引いた額がキャッシュフローに

ここまでが西氏が考案したＳＴＲＡＣ表ですが、お金のブロックパズルではさらに和仁氏が考案したキャッシュフロー計算の部分が加わります。利益の使い道を分けることで、会社に残るキャッシュフローの額がわかるのです。

まず、粗利から固定費を引いた額が利益となっていますが、それがそっくり会社に残るお金ではありません。

ここから法人税を支払うことになります。残った額が税引後利益となりますが、さらに減価償却費を加算。これが簡易キャッシュフローと呼ばれるものとなります。

ただしこれが会社に残るお金ではありません。さらに銀行などへの返済分を差し引きます。また場合によっては設備投資を行うためのお金も差し引き、残ったお金が純粋なキャッシュフローとなるのです。

「お金のブロックパズル」で見えてくることとは？

このSTRAC表（現・MQ会計表）と和仁氏によるキャッシュフローの部分を加えた「お金のブロックパズル」が、経営判断には非常に有効なツールとなります。

まず、会社の損益分岐点がわかります。

売上高から変動費を差し引いた粗利は別名「限界利益」と呼ばれます。この限界利益が固定費より大きければ会社は黒字、小さければ赤字となります。

・黒字：限界利益＞固定費
・赤字：限界利益＜固定費

限界利益（粗利）と固定費が同じところが「損益分岐点」となります。また、その地点の売上高のことを損益分岐点売上高といいます。

・損益分岐点：限界利益（粗利）＝固定費

経営を行うにあたり、損益分岐点を明確にして意識することが大事です。

やみくもに売上高を伸ばそうとするのではなく、最低限の数字を把握していればそれをクリアすることが最初の課題だと認識できます。

いま、仮にブロックパズルの各数字を、図B－1のようにしたとしましょう。

図B-1

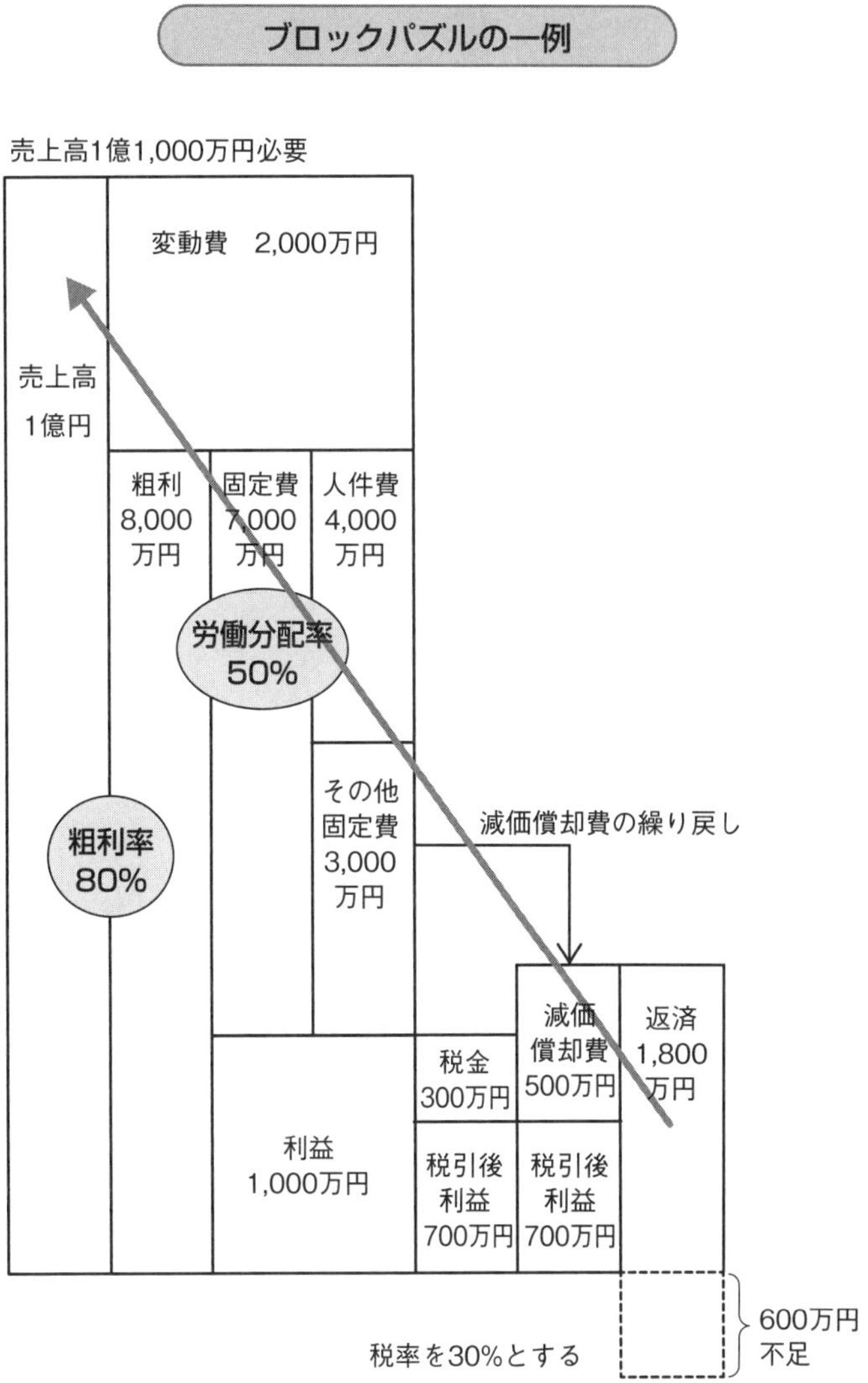
ブロックパズルの一例
売上高1億1,000万円必要
変動費　2,000万円
売上高
1億円
粗利
8,000
万円
固定費
7,000
万円
人件費
4,000
万円
労働分配率
50%
その他
固定費
3,000
万円
減価償却費の繰り戻し
粗利率
80%
減価
償却費
500万円
返済
1,800
万円
税金
300万円
利益
1,000万円
税引後
利益
700万円
税引後
利益
700万円
600万円
不足
税率を30%とする

売上高が1億円で、変動費が2000万円、固定費が7000万円（人件費4000万円、その他固定費3000万円）とすると、損益分岐点は、限界利益（粗利）と固定費が同額となる地点なので、限界利益が7000万円になる売上高は8750万円（7000万円÷粗利率0・8）。

売上高が8750万円以上であれば黒字、未満なら赤字ということです。ブロックパズルによって、一瞬にしてこれらの関係がわかるのです。

根拠のある目標設定ができる！

もうお気づきかと思いますが、お金のブロックパズルを使うことで、収益構造がわかるとともに、根拠のある経営判断ができるようになります。目標設定も立てやすくなるのです。

例えば現状赤字の会社であれば、粗利よりも固定費が多くなっています。赤字を改善するには、次の3つが経営判断として浮かび上がってきます。

・固定費を下げる
・変動費を下げる
・売上高を伸ばす

人件費などの固定費を削って、利益を増やすことを考えたとしましょう。

その場合、給料を減らすと即座に社員のモラルの低下を招きかねません。社員を削減すれば、一人当たりの負担も増えたり、生産力が落ちて売上低下につながる恐れも。そのバランスが必要になります。

変動費を徹底的に見直すという手もあります。

仮に仕入れ原価を１％下げたら、利益はどれくらい上がるでしょうか？　変動費のほとんどが仕入れと考えると、先のブロックパズルの場合、売上高１億円の１％なので１００万円が浮くことになります。

その分粗利が上がるので、利益も１００万円増える。１％原価を抑えただけでこれだけ利益が増えることに注目してください。

ただし、昨今の状況では経営努力をすでにされているところがほとんどでしょう。

固定費も変動費も、限界近くまで切り詰めている会社は、あとは売上高を何とか伸ばし、粗利を大きくする以外ありません。

また、利益から逆算して売上目標を設定することもできます。これを「逆算思考」といいます。逆算思考とは、物事のゴールを決めて、それを達成するためのプロセスを考えていく方法のこと。明確な行動目標を数字に落とし込みます。売上高からでなく、利益から逆算に基づいて考えるのがポイント。これによって、根拠のある売上高の目標設定が明確にできます。

例えば、逆算思考は、年間返済額が１８００万円の会社が、借入金を利益から返済する場合に、売上高がいくら必要になるかを導き出すことができます。

図Ｂ－２をご覧ください。まず、減価償却費（５００万円）は、キャッシュの支出を伴わない経費なので返済額から差し引きます。そうすると、税引後利益として１３００万円の獲得が必要と分かります。そのために、税引前利益がいくらかを算出。税引後利益を０・７で割り戻します（税率30％として）。よって、税引前利益が、１８５７万円必要と分かります。この税引前利益１８５７万円を獲得するためにさらに逆算していきます。この会社の固定費は、７０００万円です。したがって、固定

図B-2

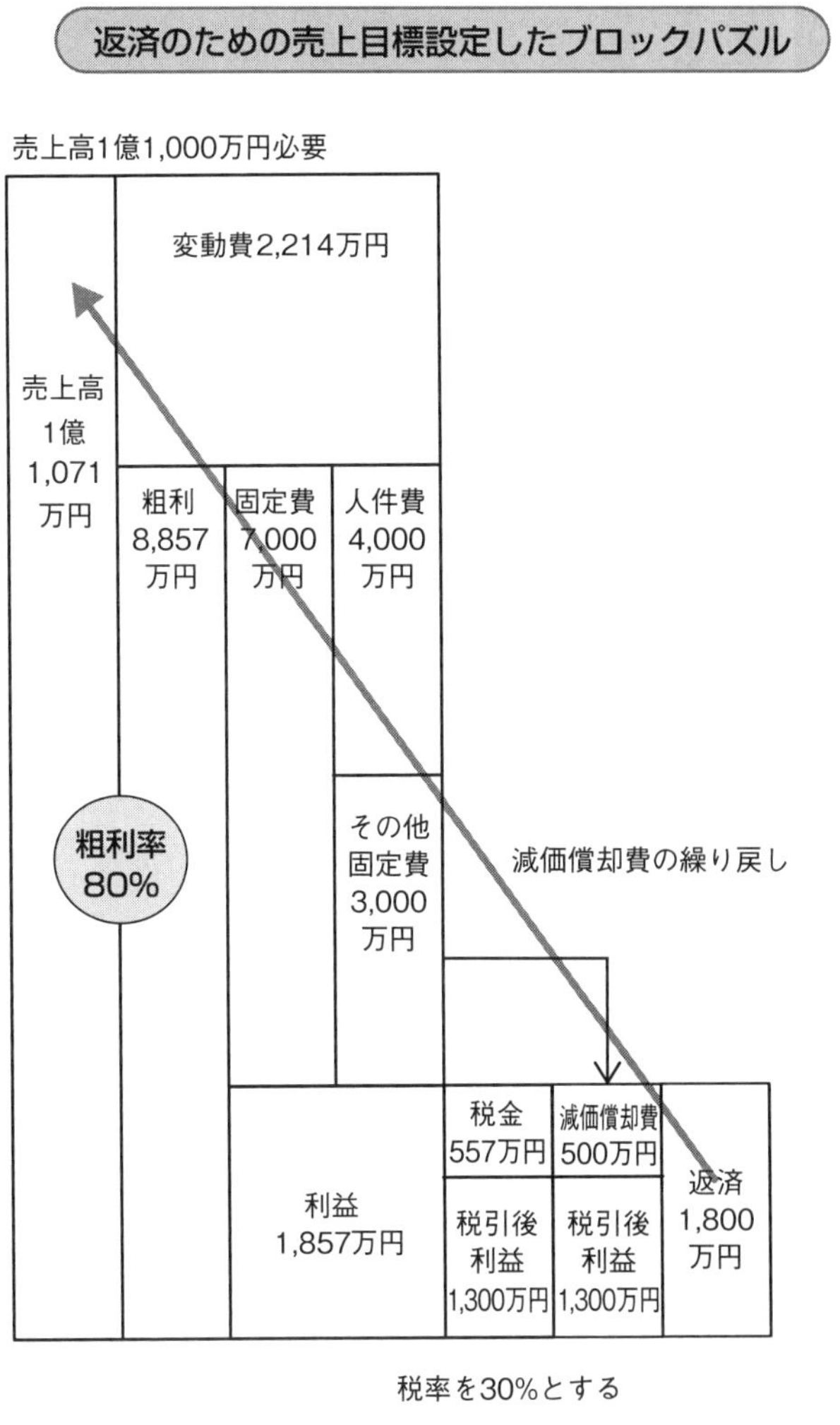
返済のための売上目標設定したブロックパズル
売上高1億1,000万円必要
変動費2,214万円
売上高
1億
1,071
万円
粗利
8,857
万円
固定費
7,000
万円
人件費
4,000
万円
その他
固定費
3,000
万円
粗利率
80%
減価償却費の繰り戻し
利益
1,857万円
税金
557万円
税引後
利益
1,300万円
減価償却費
500万円
税引後
利益
1,300万円
返済
1,800
万円
税率を30%とする

費７０００万円と税引前利益１８５７万円の合計８８５７万円の粗利を稼ぐ必要があります。粗利率80％の会社なので、逆算して（÷粗利率０・８）、約１億１千万円の売上高を計上する必要があります。これが根拠のある売上目標の立て方なのです。

　仮に利益を図Ｂ－１の数字の倍の２０００万円にしたいとすれば、２０００万円に固定費７０００万円を足した粗利（限界利益）９０００万円が必要です。粗利（限界利益）９０００万円を生み出す売上高は１億１２５０万円です（９０００万円÷粗利率０・８）。これが図Ｂ－３です。

図B - 3

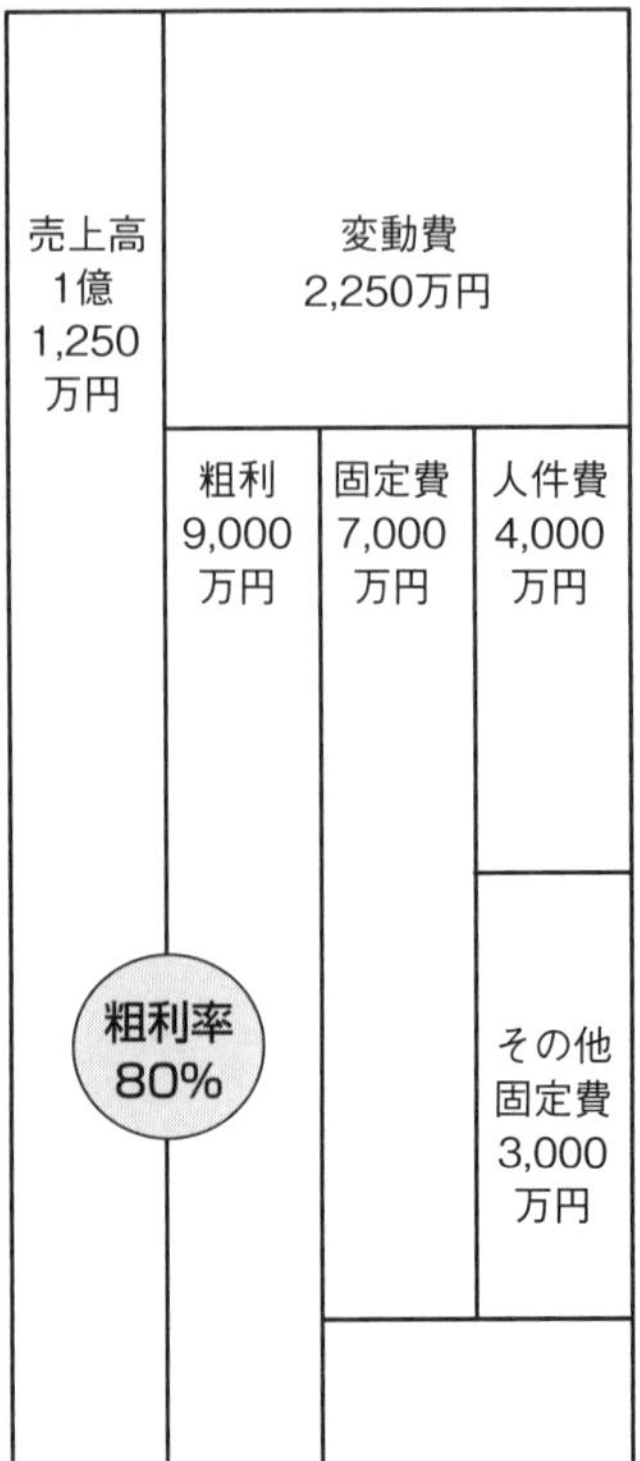

知っておきたい「売上目標」の見通し方

さらに、税引後利益に減価償却費分を加えた分が会社の基本的に「自由になるお金＝キャッシュフロー」となります。ただし、銀行から借金をしている会社はさらにそこから返済をしなければなりません。

仮に毎月の返済が150万円だとすると、年間で1800万円返済することになります。

これも図B－1に即して考えると、設備投資や繰越金をこの際ゼロとしても、返済には600万円足りないということになります。

そこで、これも逆算して売上高として約1億1000万円最低限上げないと生み出した利益から返済できないことがわかります。

損益分岐点がどこなのか？　利益を上げるにはどうしたらいいか？　さらに銀行返済まで考えて、経営を円滑に進めるには売上高がどれくらい必要で、どんな経営努力をすればいいか。

これらをお金のブロックパズルは「可視化」できます。

難しい会計知識はなくとも、大まかな収益構造を理解し、経営判断ができる意味で、非常に有効なツールだといえます。

借金をうまく活かす公門式は「外科手術」の如く

借り入れを行っていくことで事業の幅を広げ、成長を目指すことができるのです。

そのためには、毎年の利益と借り入れ、返済額のバランスを保つことが必須です。しっかりと「お金のブロックパズル」を見ながら、資金の流れをコントロールすることが必要になります。

「公門式キャッシュフロー経営」は、融資すなわち外からの資本注入を前提にして行う経営です。

通常のキャッシュフロー経営が内科的、東洋医学的なものだとしたら、公門式は輸血のように外から資本をどんどん注入していく「外科的」対処法なのです。

借金経営の強みは「資金ショート」を回避できること

「借り続ける経営」「借金経営」は、キャッシュフローを意識することで資金ショートさせない、潰れない経営でもあります。

事前にお金の流れがわかれば、資金ショートしそうな時期をあらかじめ察知し、それを避ける準備をすることができます。

実際、私が見ていた会社でも、そんなことがありました。

先ほどのブロックパズルを使って、今の状況だと1年後は資金が500万円ほど足りず、資金ショートするのが明らかでした。

社長にそのことを率直に伝え、現在お金を借りている金融機関はどこか？　それぞれどの程度の元金を返済しているかを確認し、「じゃあ、A銀行から反復融資で500万円借りましょう」と提案しました。

もちろん、その前に大型案件の仕事を受注して、500万円分の資金を何とかできる可能性もあります。その際も、原価にどの程度かかるかなどを計算し、必要な売上高の目安を試算する。

いずれにしても、銀行が反復して500万円を融資してくれるならそれをやろうと。大型案件が取れてその借金をすぐに埋めることができれば、それはそれで幸いとしましょうと。

ということで、事前に準備しておくことで、資金ショートを避けることができたのです。それもこれも、キャッシュフロー経営を実践していたからこそです。

もし、それをしていなければ、直前になってお金が足りないと大騒ぎになっていたでしょう。下手をするとそのまま資金繰りがうまくいかずに倒産した可能性もあります。

資金ショートなどの危機を事前に察知し、しかるべき対応をとることでそれを避けることができる。それがキャッシュフロー経営を伴い、他人資本（借金）注入を積極的に行う、公門式キャッシュフロー経営の強みでもあります。

PART

6

小堺桂悦郎先生との特別対談

資金繰りコンサルタントで、ビジネス書作家としても活躍されている小堺桂悦郎先生との対談をお届けします。

経営者にとってコロナとは何だったのか？　コロナ後の世界で必要な融資の知識や知恵とは？　小堺先生の金言に刮目ください。

小堺桂悦郎先生

資金繰りコンサルタントとしてのキャリアは20年以上。主に中小企業経営者の立場に立った実践的なコンサルティングが好評。１９８０年代を通して金融機関の融資係を務め、１９８９年、税理士事務所に転職。税理士事務所では、１９９０年代の大半を資金繰りコンサルティング業務に専任。銀行対策を得意とし、幅広い企業のコンサルティングをはじめ、M&Aなども担当。２００１年にコンサルタントとして独立。著作は『なぜ、社長のベンツは4ドアなのか？』など多数。著作累計１００万部。

筆者

小堺桂悦郎先生

コロナ不況融資から考える借金の本質

公門 小堺先生のところに研修に通うようになったのは、私自身が税理士事務所を経営していた頃でした。創業時は当然、お金を借りて事務所を経営して、パソコン買ったり、ソフトを買ったり。それでお客様が増えればスタッフを増やして、お金がいるな、と。それから、だんだん規模が拡大すると同時に、運転資金が必要になって、借金の残高も増えていきました。
売上も当然増えてはいったんですけれど、中小企業の経営者さんと同じような経験をずっとやってきました。

小堺 不動産も投資されましたよね。

公門 はい、土地を買って事務所を建てました。すべてが初体験でしたね。
事業の借金額も大きくなってくると、最初は怖くて、「どうなるんだろう」「返せるん

だろうか」と思いながら、経営をしていました。言葉が適切じゃないのかもしれませんけれども、借金がどんどん増えていくと、「マヒ」してくるというか。

小堺　公門先生は、拡大経営っていうこともあったんでしょうけれども、スタッフを増やし、設備も増やし、土地と建物まで。

公門　はい。

小堺　**文字通り、「借金税理士です」みたいなことをおっしゃって。**え？　顧問先のためじゃなくて、自分のために俺の研修に来たのみたいな（笑）。すみません！

公門　皆さんと同じように成長曲線を描くにつれて、融資残高も売上と一緒に右肩上がりになっていって。不安もありましたが、「銀行の融資」に関する疑問がすごく生じまして。

当然、**成長していくと、融資の残高ってなかなか減らなくて。**そういう疑問を抱いて、資金繰りを一生懸命やらないといけない状況にもなったりしましたので。そういったところで、小堺先生とのご縁があり、学びに通った次第です。で、このコロナ融資がもう終わりですよね。なので、ここで大きな転換点かなと考えております。今度は、普通の融資状況に戻ります。私の顧問先からの話でも、これから返す心配をしている社長さんも結構いてご相談も寄せられます。ですので、これからのために、小堺先生と一緒に、「融資の本質」について考えていければと思っております。そして、先生の著書であります『おカネを借り続ける経営』とか『借金バンザイ！』について、いろいろと触れていければと思っています。小堺先生の本の中にもありましたけれども、「借金経営」は、正しい「経営手法」なのかと。

小堺 いや、初めて聞いたわ。「経営手法」っていう言葉。俺のセミナーの中では一度も出てきたことない。初登場ですよ、ちょっと皆さん。俺は経営手法を語るんだね（笑）。

公門 当然、借り続けて、皆さんも融資がおありなので、その借金経営の出口ってどうなのかな。

小堺 本当ですよ。『借金バンザイ！』を書いていた頃は、いけるところまでいくってやつだったんだけどね。

公門 ただ、コロナ融資が終わって、最終の出口ではないんですけれども、コロナ融資の返済がスタートするよね、と。実際もうスタートしているところもあります。

小堺 ああ、あるか。早いところはね。

公門 もう1年経っていますからね。そういうのをすごく経営者の皆さんが感じていらっしゃるので、出口的なことを触れていくのを対談のテーマにしたいです。それで、まずは皆さん多くの方が受けられた、「コロナ不況融資」から考える、借金の本質についてです。

コロナ融資って何だったんだろう？　私もすごく疑問を持って。皆さんもコロナ融資で助かったので、よかったはよかったんですけれども。融資が出ると同時に据置1年2年ＯＫ。これってリスケ（返済計画の見直し）と同じ効果みたいですよね。しかも、利子補給（国や自治体が貸付による借り入れを行った際、一定期間、利子相当額を助成して実質的な無利子化すること）もありますし、保証料もゼロ。こういった融資、今までにほとんどなかったと思います。

小堺　なかったですね。

公門　それと、コロナ融資は既往債務と一本化ができる。まとめた上に、据置もしていい。誰も経験のない融資を経験して、今ここまできているのかな、と。この先のことについては、コロナの特例リスケっていう案内があります。コロナ融資が出て据置をして、こういった恩恵といいますか、すごく助かったことがあった上に、経済の状況も状況ですので、また厳しいところはさらにリスケするところまで、今準備されている状況なんですね。コロナ融資を含めまして、借金の本質っていうのは。

小堺　もう何度でも言うんですけども、借金っていうか、「融資の本質」っていうのは、「互助会」なんですよね。

コロナ不況融資とは何だったのかってありますけども、不況融資っていうのは政治ですね。政治であり互助会ですよ。**互助会融資です。これが融資の本質**です。

だから、「借金の本質」っていうと、お金を借りて経営することというより、お金を借りるそのものを言ってしまうじゃないですか。だから、そうすると銀行融資以外の借金も含まれてきますね。

個人だったらカードローンとか。銀行系もあればノンバンク系もある。だから、借金経営の本質、借金融資から考えると、銀行融資を中心に考えれば、互助会です。銀行に預金して、出し合っている預金を地元の商工業者、自営業者、会社さんにお貸しする、と。

それを監督しているのが金融庁なり、政府なわけですね。不況時に融資をするとなったら、民間の銀行は預金者のお金ですから、おっかなくて貸せないわけです。それで国や政府が、予算という形で後ろ盾になると。だから、そもそも返せるかどうか審査していない。

公門 貸す方としてはものすごく怖いので。

小堺 怖いです。誰もわからないんですよ。リーマンショックもわからなかったけど、それは日本の事情じゃなくて海外の事情だった。日本発のバブルの崩壊っていうのもちょっとまた違うと思うんだよね。あの不況もね。今回は全世界同時で、しかも事情がウイルス。こういう不況は経験がないですからね。

公門 そういった状況だからこそ、金融行政の力というか、後ろがしっかりしていると。

小堺 それは明らかになったよね。もう返せるかどうかは審査しない、と。審査をするなと言っているのに等しいね。

公門 売上が下がった認定を受けられれば、融資が出るような勢いです。

小堺　行政っていう言い方をしましたけれど、認定も自治体からもらうじゃない。それを銀行に持っていく。そして、保証協会に出す。自治体はコロナで殺到されると迷惑だし、期限が切れたとかで何度も来られたりする。もうコロナの感染も危ないから、融資先に代わって資料を準備して、銀行が取りにいくと。「なんだそれ?」って話。皆さん、思いません? それって、役所の認定いるか、みたいな。保証協会が黙って認めたらそれでいいじゃないかと。これだって、予算が税金ですから、市の制度融資もあれば国もありますから。国の出先機関になっているわけじゃないですか、間接的に。

公門　このウイルスの影響でありえないことが。

今そこにあるピンチをチャンスに変えた人たち

小堺 コロナ融資は融資が出ると同時に、据置ができるのでリスケと同じ効果があります。なかなか目の付け所が違う。コロナ前はこの返済据置は取れない。「設備投資で新しい店を出します」「新しい工場を作ります」と頑張っても、1年据置取れるかどうか。「できれば半年で」と言われる。でも、半年後は工場ができあがったばかりで何も生まないのに、返済開始なんて無理みたいな。

それがコロナ融資なら、1年どころか2年も取れる。だから同時にリスケみたいな感じだよね。「コロナ不況融資とは何だったのか」は、人それぞれの捉え方あると思うんだけど。個人的には「マジックかな」と思う。

例えば、コロナ前にリスケ中だった会社さんがあるんですよ。それでコロナになって、コロナ融資が出るわけ。リスケ中にもかかわらず出たわけです。真水っていったりするわけ。そうすると、(コロナ前の)リスケ中の融資と、コロナ融資を一本化して、返済は2年目からになる。こういう現象が起きた。

リスケ中っていうのは、大袈裟にいうと不良債権。要注意先とか要懸念先になるわけ。銀行の融資は、正常以外は全部不良債権ですから。これが、真水を足して一本化したら正常化になった。これぞマジックだよね。

公門　これも、ありえないことが起きたっていうことですよね。

小堺　ありえない。実際の僕のクライアントさんはもうリスケするだけでも大騒ぎ。コロナ融資になって、リスケ中の会社でも「出しなさい」とお達しが出たから、出たわけだ。そうしたら、もう正常債権ですよ。

政策公庫が先にリスケしていた債権に、コロナ融資を足して、一本化される。びっくりした。これで正常化、みたいな。一本化したから前の融資も、なんちゃら運転資金だったの、政策公庫の。それが全部コロナ特別貸付になったから、あれ、みたいな。既往債務との一本化ＯＫっていうのはこういうことですね。実際にコロナの影響を受けた飲食業や観光業の皆さんの融資の出具合はさておき、それ以外の業種であれば、まあまあ出たはずです。

それも、気前よくと言ったら言葉が悪いですけれど。多くの会社さんは資金繰りが大変で、僕にわざわざお金払って相談しに来るので、**起死回生のコロナ融資であり、数年先までの資金確保できるチャンスにしましたね。**これがコロナ融資でした。

公門 ある意味、こういったことが起きた先は、チャンスというか、これを機会に不良債権から正常債権にできた会社もあれば、できなかった会社も。チャンスをものにしたかどうかですかね。

小堺 ちょっと自慢になるけど、僕のクライアントはほとんどチャンスをものにしたと思う。中には、この分でいったらコロナと無関係に、業績が少し悪化していて2019年秋頃から、「来年になったらリスケするしかないね」って。3月年度末で確保できなければ、来春からリスケだねって言っていた会社がある。それがコロナでセーフになった。業績不振がコロナのせいなのか、自分の不行き届きなのかっていうのは別で。

公門 実際、この新型コロナウイルスですごいダメージを受けている業種や企業さんは多い。でも、そこまでではなく、ただ売上は経済が今までのように動いてない分下がったから、コロナ融資を受けられた企業もある。

そういうところで、真水がいっぱい入ってきて、財務内容的に安定するというか、先までの準備ができたケースもあります。

小堺 まあどう捉えるかだよね。「こんなに借りちゃってどうしよう」っていう人もいるかもしれませんけれど、実際、赤字を出してしまった場合は考えなくてはいけません。そうでない場合は、預金残高の動きに注意して、実際に真水で借りたのはいくらで、今いくら残ってるのか。それが一番大事ですよね。

借金経営でうまくいく会社、借金を嫌って苦しむ会社

公門 では先生、もう少し深掘りをさせていただきたいのですが、コロナ融資から入っていったんですけれども、先生の著書、復習で読んでみますと、「銀行の借金だけが借金ではない、BSの負債に載っているものも借金だ」と。
私も税理士として、正直、借金イコール銀行の融資という風に解釈をしていて。そう

いえば、そうですよね、と。

小堺　独立した当時は２０００年初頭、その頃って銀行が倒産していったし、文字通り貸し渋りや貸し剝がしを銀行も好きでやっていたわけじゃない。銀行をかばうつもりはないけれど、貸せない状況だったわけ。

そういう状況だと、資金が調達できないから、どうするかってなったら、リスケだけでは足りない。その前にリスケしてない企業も多かったんだけれど、もう借金してでも（銀行の融資も借金なんだけど）、別のところから借りて銀行融資だけは返そう、と。別のところからだと、簡単に借りられないから、仕入れ先の問屋さんの支払いで末締めの翌月払いを翌々月にしたり、手形を切って翌々々月に遅らせたり。仕入れの支払いを延ばして資金繰りしていた、と。それで銀行の融資返済にあてていた。

他にも、給料の締日を変えたり。それを見たら、借金って銀行への返済だけではないでしょ。仕入れ先に在庫があるならまだしも、売っていたりする。

サイト上では３か月分の在庫が残っているのに、実質の在庫は１か月分しかないって、おかしな話だよね。残り２か月分の在庫どこいったんだよって話。ああ、違うじゃんって。銀行の借金だけが借金じゃないじゃんって。

公門 そう考えますと、自己資本が2～3割あろうが、まあ3割あればもうなかなか頑張っている評価ですけれど、いやいや、残りは全部借金だろってことですよね。

小堺 それが金銭消費貸借契約をしているのか、いわゆる借用書を書いているのか否かの違いだけでね。

法律的な裏付けが違うだけで。場合によっては問屋さんとかともそういう保証じゃないけれど、契約とる場合は限度額でね、ここまでは社長の個人保証してくださいみたいなケースは、実際あったし。

公門 そう考えると、さも自己資本3割で優秀な会社さんであっても、7割は借りたお金で事業を運営しているっていう事実になるわけですね。

小堺 20世紀は、ペーパー会社以外はだいたいそうだね。ペーパー会社っていうと言葉悪いけど、節税のために子会社を作ったりすることはよくあった、今は知りませんけど。社長が本体をやって、奥さんを子会社にしてとか。ただ請求書だけ送ってみたいな、よくやっていたんですけど。そういうのを除くとないよね。

公門 ということは、みんな借金経営で。

小堺 じゃないのって思った。あちこち俺も研修に行ったね。税理士事務所時代から含めて、どっかに俺の知らない何かがあるんじゃないかと。俺のこの気づきが、間違いじゃないかと思ったんだけど。みんな言い方が、今の俺みたいにこうズバズバ言わないだけで、皆そこには触れない。返済できるかどうかのキャッシュフローに触れないのよ。

公門 そうですね。だから、私も税理士事務所を経営していた時には、大きな融資を受けて、借金した状態でやってきましたので。

小堺　だから業績のいい会社さんって、無駄な借金嫌がるわけだよね。融資としてずっと続けられるのに、余計な借金は嫌がる。余計な金利も。それぐらいシビアだから業績もいいんだろうけれど、著書では**運転資金として手持ち金が1か月分は最低持とう**、と書きました。

運転資金の計算式はややこしくて現実的じゃないから、とにかく売上の1か月分持とうって。でも、売上の1か月分も借り入れしておくなんて無駄じゃないですかって話なわけ。

税理士さんからよく言われたのよ。無駄な融資をね、セールスやめてくださいって現役時代にさ。公門先生に言われたわけじゃないんだけど。

でも、それをすると、入金されるから払えるわけじゃない？　月末に1か月分の預金があるってことは、入金されるから払えるわけでしょ。給料でも仕入れでもね。もし何かあったらって話なんだよね。

公門　今の小堺先生の説明は非常にわかりやすいです。

小堺 実際、まだ正確なデータはどこにもないんだけれども、倒産するのは業績が悪くて銀行の融資頼りの借金経営の会社だ、と当時はいわれていてね。

でも、意外と倒産しないのよ。辛抱強いっていうか粘り強い。**逆に、業績のいい会社さんって、そういう目にあったことがない。銀行からの融資はよくないって思っているから、踏ん張りが効かない。**

結局、バブルの崩壊とかで、そういう業種的な不況が入った時に、手持ちがない。リーマンショックもそうだったんだけど、大きな赤字が出ると、「わーどうしよう」と。そういう会社さんに融資するのって、**銀行も怖いのよ。自己資本比率3割あっても。だから、融資できない。**

公門 小堺先生が言われる、互助協調金融行政なわけですね。

小堺 業績がいい会社って、銀行を選ぶ側になっているから。「銀行員は待たせておけ」みたいになっている。

それが、リーマンショックなどで急に売上が半分になった時、銀行に「融資してください」って言っても、銀行も「うーん」となる。あれほど自信満々だった会社なのに、融資して大丈夫なのかって。

公門 業績が悪くなってから来てもらっても……みたいなところなんですかね。

小堺 元々業績があまりよくないと、銀行の融資が途切れたら、それこそ自分の会社の命運が尽きるから、仲良くするんだよ。あっちの銀行とも、こっちの銀行とも。

公門 それを考えますと、やっぱり、借金ってなんだろう？　銀行ってなんだろう？　ってなりますね。

小堺 そういう意味で考えるきっかけにはなったかもしれないね、この1年は。逆に考えなくなった人もいると思うけどね。借りることができたから、もうしばらく小堺先生を忘れよう、みたいな（笑）。自分で言っちゃうけど、自分で自分に先生つけるけど（笑）。

銀行の役割について語ろう

公門 融資のことを、資金調達といったり、借金っていったりしますよね。銀行の役割についてですが、なんで融資をしてくれるのか、と。

小堺 なぞなぞみたいだね。

公門 たしかに謎解きですね。私自身もひとつの事例として15年間経営をして、年商を1億ぐらいまで伸ばしたんですけど、借金も1億円ほどあって、預金も6000万円ほどある。
そんな経営をしてきてM&Aができましたので、きれいに出口を作ることができたんです。その中で、創業した時は資金調達で、パソコン買わないといけない。人が増えれば、運転資金がたくさん必要になり、資金が足りない時期も経験しました。その時、お金を借りなきゃみたいな。

もう借金を許容できる認識になりましたね。そこから、複数の銀行さんとの取引もできるようになって、また資金調達したり、「今度は借り換えませんか」と言われるまでに。

小堺

「資金調達」って言葉は嫌いだった。なんかかっこいいじゃん（笑）。「うちの資金調達、コンサルティングしていただけませんかね」、みたいな。「しねえよ」と思っているんですけど。「資金調達」だと綺麗事になるじゃない。

だけど、ここ2年くらいで俺も使うようになった。理由は、銀行はそれまで融資しかやってなかったわけ。証書貸付か手形貸付、当座貸越とか。当座貸越はマイナーっていうか、馴染み深くないから、もう手貸か証貸かしかなくて。

それが今や、ファンドもやるし、別会社だけど私募債もやる。それから子会社でリース会社を持っていたりする。なになに銀行リースとか。言ってみれば、銀行は融資以外も、可能になったわけ。

さすがに、私募債やるっていうのも、それこそ十数年前からかな、銀行私募債、保証協会付き承認私募債とかね。それは知ってはいたけれど、自分のクライアントがファンドを受けたり、私募債受けるようになったわけ。

そうなってくると、銀行と聞けば、もうこれは資金調達でしょう、と。どちらも設備投資には絡むケースが多いかな。資金調達っていうのはね。だから、公門先生もゼロから資金調達で、設備や運転資金も含めて、事業を起こすために借りる。

借金に変わる理由は、ひとつは赤字が出てるか出てないかが多いと思う。赤字になってくると、やっぱり足りないから借りるってなるじゃない？

公門先生の場合は足りない理由が「赤字」ではなくて、最初に人を雇っちゃう。新たな業務拡大で。そうなってくると、先に雇って給料を払うために、好き好んで債務増やしてるんだけど、なんか自分は借りたくないのに借りてくるとなると、なんか借金って何だろう、っていう。

それが、15年で年商1億円までいったんでしたっけ？　最初は自分ひとりでやっていたのが、ぐーっと業績が上がったら、もう落ち着く暇がないわけじゃない。

公門　そうでしたね。だいぶ成長していきましたね、15年間。

小堺　心配だから、1億円借りて6000万円残して、実質借入は4000万円とね。まあ多分これは多いと思うよ。

公門　そういう経験から、いわゆる、借りたお金を資金として事業を行ってきた点から、それは融資であり、資金調達したお金であり、借金っていうお金でもあるんですけれども。事業の元手じゃないのかと。

話題の「資本性劣後ローン」の正体とは？

公門　小堺先生、最近もコロナの関係で話題の「資本性劣後ローン」。これも、勧める方向できているじゃないですか？

小堺　**もう政府が他人資本論にお墨付きくれたようなもの**だよね。早く出版した方がいいよ。政府が勧めるわけだよ。

「もう融資だけでは難しいでしょ」って。業績が幾分かは回復しつつある会社さんであっても、今回のコロナ不況で、大きな赤字は出ていなくても、停滞していたりしますよね。

これと前半でお話しした返済リスケ中をどうするかとなれば、これはもう資本性劣後ローンです。

公門　10年とか15年とか返さなくていいわけですからね。

小堺　10年後どうするかは残るよ。だからそれまでの間に、今の借り入れをできるだけ少なくして圧縮していく。業績も回復していく。

そして、今度は資本性劣後ローンを分割返済に切り替えていく形。だから、返済期限は10年後にバッツと切られるけれど、これは10年後に返せという話にはならないんだ。ファンドもそうだし、そういうことだと思う。

だけど、これを受けるには、ぜひ私のティーチャブルで無料資本性ローンセミナーを見ていただきたいんですけども、銀行とセットにならないといけない。政府系や商工中金などの政策公庫も、資本性劣後ローンを出しますけれど、銀行も同時に足並み揃えてほしい。なぜかといえば、やっぱり銀行なんですよ。決済できるのがすべて銀行だから。預金口座なりがあるから。元々いえば、銀行の融資を、債務超過等々で貸し渋りをしたくないけれど、せざるをえない状況になってしまうから、ならないようにするための資本性劣後ローンだと。それは、国も政府系も出しますよ、と。

公門 資本性劣後ローンは、資本とみなす。債務超過の会社であっても資本とみなすので、まあ、正常先になる。

小堺 正常扱い、あるいはもう少しその赤字を圧縮してもいいと。これからは資本性劣後ローンでしょう。

公門 先生の借り続ける経営は？

小堺　借り続けるところは借り続けて、盤石なものにするには、資本性劣後ローンに他人資本論っていう考え方。
じゃあ、資本性劣後ローンがクリックひとつで得られるかと条件検索すると、いろいろ厳しいこと、難しそうなことが書いてあります。普段から、決算書や試算表を疎かにしている会社は、該当しないかな。

小堺　大袈裟にいうと、**銀行というものを、「困った時には貸してくれないところ」と考えて付き合うのか、「自分の事業を発展させるためには欠かせないスポンサー」のつもりで付き合うのか。どちらかですね。**

中小企業の経営者の人も何かといえば、ちょっと嫌な言い方になりますけど、大企業の経営者や創業者を引き合いに出すじゃないですか。

でも、上場企業は株主様あっての話。名前は出さないけれど、大企業の社長がコマーシャルにバンバン出ているケースがありますよね。「これからは〜」みたいな話をしている。あれは、本人が目立ちたいのもあると思うけれど、株主対策ですよ。だから、銀行を株主と思って経営するかどうか。株主と見るなら、業績レポートを出しましょうよ、ということです。

これからの経営に必要なたったひとつのこと

公門 最後にもう一つ質問です。新型コロナウイルスでいろんなことが起きまして、今までありえないような融資やミラクルな事例もいっぱい見てきました。問題はこれからですよね。コロナ融資が終わった今、融資とどう向き合っていけばいいのか、お教えください。

小堺 これはね、今までのやり方やあり方が、今回のコロナで通用しなくなっちゃったんだよね。いい意味でも悪い意味でも。誰もどうなるかわからないわけ。ちょっと嫌味ったらしく、今の銀行のトップの人たちが**「これからはデジタル革命です」って言っても、じつは誰もわからないのよ。経験がないんだから。**似たような状況がまるでない。こんな不況を経験したことない。だから、銀行は融資を融通し合う、こういう互助会が本質だって言ったけど、今まで通りに、「お宅は最近うちに引っ越してきた人だから貸しません」とか、仲間外れみたいな融資の仕方はできない。

何を言いたいかっていうと、チャンスですよね。だから、銀行員もわからないわけだ。今までのやり方を踏まえつつ、**新しいやり方や考え方を取り入れていかないといけない。だから、チャンスだよね。**

借りられたから「オッケー、ラッキー」で終わらせるわけにいかない。

銀行員はそんな勉強をしている暇ないはずだから。もう次々と通達が来て、下手したら現場まで通達届いてないから、「え、なんで、急に貸せだって」みたいなことになる。

こっちは勉強しておけば、チャンスだよね。僕が一生懸命「ユーチューブやっています。ぜひ見て」と言っても、見ないクライアントさんもいる。

見ないクライアントさんは、悪いけど、もう説明できない。大事なことやアクションは言うよ。「こうやって、ああやって」って。だけど、そこから先のことは、個別に説明するのは大変。世の中の動きは速いから。だから、動く人にはすごいチャンスですね。

公門 多くの方がコロナ融資を受けているので、それがある状態でこれからまた、資金調達、融資を受ける行動をしていかないといけない時代に入っていくわけですね。

小堺 大袈裟にいえば、誰もわからない。融資や資金繰りでいえば、銀行員もわからない。だけど、新しいやり方や環境変化に対応していかないといけない。だから、中小企業の社長は、「うん、コロナで借りられてラッキー」ってことで済まさない。銀行員から「こう言われた、ああ言われた」に振り回されていくのか、と。

公門 融資と融資の世界、銀行さんとの付き合う世界も、前には戻らないってことですね。

小堺 戻らない。元に戻るんじゃないか？　って、うっすら考える人もいると思う。でも、その元って決算書を見てよって話。2019年までの決算書、キャッシュフローありましたか？　って話だよね。厳しいことも言いましたけど、**だからこそ、試**

算表をちゃんとやっていきましょう。
ぜひ、これをお読みになった皆さんは、**税理士さんとの付き合い方として、「試算表」はちゃんと作ってもらおうと。そのために資料を送りましょう。**
税理士の皆さんは、銀行の融資をもっとシンプルにして向き合って、お互い協力し合ってやっていきましょう。

公門 すべての基本となるのは「試算表」ということですね。基本通りにすることがアフターコロナに向けて大事なことだと思いました。
今日はありがとうございました。

小堺 こちらこそありがとうございました。

株式会社Sのケース

■背景　リスケ中だが業績は回復基調

機械修理業を営む4年前に顧問契約した会社。じつは業績が芳しくなく、中小企業再生支援協議会の支援を受けながら、事業再生中の会社。リスケによって銀行への年間返済額は約300万円で、ここ数年は利益も上げて残債を10年で償還できる見込み。残債が4500万円、当期利益は500万円、減価償却が100万円ほどで、キャッシュフローは約600万円で、このままいけばリスケ解消も可能な数字だった。

後継者の常務が会社を切り盛りしていた。その常務に「社長レター」(P121参照)を書かせて、四半期ごとに銀行に説明に行くようにしていた。決算報告の際には私も同行し、その中でそろそろ約定返済に戻してもらいたい旨を打診していた。

■リスケ対象企業でもコロナ融資が下りた!

「背景」で述べた状況の中で、新型コロナによる緊急事態宣言下でのコロナ融資が始まりました。これはチャンスだと考え、コロナ融資で借り替えられないかと決算の際に打診。銀行も準備を進めており、すでに本部の了解を得ていました。あとは金額の問題で、彼らとしては出せるだけ出したいということでした。

むしろ、税理士の私がそこまで借りることに反対するのではないかと気にしているようでした。

これらのことから何がわかるか？　たとえリスケ中の会社であろうとも、実質優良企業として認識されていたということです。それは業績が回復基調であったこと、さらに四半期ごとに業績レポートを提出していたことが大きいと思います。

こちらとしてはこの際、借りられるだけ借りておきたい。そこで銀行から6500万円を借り、残債の4500万円を返済し、真水約2000万円を注入することができました。ちなみに返済は2年間据え置き。

さらに公庫の方もコロナ融資で巻き替えて500万円借り、残債の220万円を返済し真水が280万円で、2年間の据え置き。

今回のコロナ融資によってそれまでの借金を返済した上に、真水を約2300万円確保することができたのです。2年間据え置きなので毎年の利益からのキャッシュフロー600万円を2年分、そっくり貯めることができる。何よりもリスケ中の会社が、コロナ融資により正常先へ復活できたのです。

融資がうまくいったのは毎月会議を行い、業績レポートを書いて四半期ごとに銀行の担当者に報告していたから。最初こそ数字に疎かった常務もレポートを書くことで会社の状態を数字で説明できるようになりました。信用を得ただけでなく、経営者として数字を理解することで経営体質が改善され、業績も変わったという事例です。

新型コロナウイルス感染症特別貸付

日本政策金融公庫を中心にして、新型コロナ感染症で業績が悪化し資金繰りが悪化している企業に中小企業上限6億円、国民生活事業上限8000万円の範囲で融資する制度。無担保、実質金利3年間は基準金利マイナス0・9%。また据え置き期間最長5年などとなっている。

詳細はhttps://www.jfc.go.jp/n/finance/search/covid_19_t.html

リスケ

リスケジュール（reschedule）の略。言葉の通り、スケジュールを組み直すこと。金融機関への返済が苦しくなってきた場合、金利や返済期間などを返済しやすいように変更することを指す。ただし、その場合は信用格付が落ち、新たな借り入れは難しくなるが、業績が回復しリスケを解消した場合は可能になる場合も。

中小企業再生支援協議会

中小企業の事業再生に向けた取り組みを支援する国の公的な機関で、全国47都道府県に設置されている。具体的な運営形態はそれぞれだが、再生支援の専門家が中小企業の業績回復や経営再建などの相談に乗ってくれる。

コロナ融資によって、2300万円のキャッシュフローを獲得！
融資のポイント▼リスケ中でも四半期ごとに業績レポートを作成した

リスケ中の会社は本来金融機関の評価が低くなるが、S社の場合は経営者が自分で業績レポートを銀行に提出。業務改善の現状を四半期ごとに自分の言葉で担当者に説明し、業績も回復していたことで、実質優良企業と評価され、融資に結び付いた。

株式会社Yのケース

■**背景　ここ数年業績回復して資金繰りにも困っていない**

住宅専門の塗装工事会社。2020年の時点で10期目だが、途中の5～6期目で大きな赤字となり債務超過状態だった。しかし、ここ数年利益計上ができて業績が回復、繰り損もすべて解消できていた。

業績回復の要因は下請けを脱却し、住宅専門に切り替えたこと。年商1億円程度の事業規模で、最近は2か月分ほどの預金残高があった。業績が伸びているので資金繰りにとくに困っている状態ではない。

■**複数融資で手元資金を厚く**

日ごろから銀行のオファーには基本的に応えるようにアドバイスしていました。これまでも「たとえ必要がなくても、貯金しておけばいい」と、提案通り融資を受けていました。

銀行から借りて返すことは信頼の貯金を増やすことになります。利息はそのための経費であると指導していたのです。

今回コロナ融資のオファーがきた時も、提案通りの融資を受けることになりました。さらにこの際だからと公庫からもコロナ融資を受けることに。公庫は、以前は取引がなかったが、金融機関は複数行取引をしておいた方がいい、とアドバイスして融資を受けました。

銀行より1500万円、公庫より1000万円、合計2500万円の調達ができました。公庫には700万円の残債があったのが、この巻き替えで真水300万円を獲得し全額コロナ融資に。

いずれにしても真水1800万円を確保し、月商の4か月分の現金を手元に置いておくことに成功したのです。

社長の希望で据え置き期間はあえて設けず、返済期間を短くしました。銀行は5年、公庫は6年返済で毎月の返済額は約47万円。

現在コロナの影響はさほどみられないが、問い合わせが若干減ったそうです。塗装事業なので月別変動が大きく、また今後どうなるか先行きは不透明です。今回のような融資で手元資金を確保できるメリットは大きい。業績から判断すると必要はないとはいえ、手元キャッシュフローを厚くすることの安心感と、金融機関との関係を強くする意味で大いに意義があったと考えます。

複数行取引

複数の金融機関と取引すること。通常は公庫などの政府系の一行と市中銀行や信用金庫などの民間の金融機関複数行から構成される。一行取引よりも競争原理などが働き有利な条件で借りることができたり、また他行の返済を他行の融資で順繰りに行うなど、経営に幅を持たせることができる。

据え置き期間

元金返済しなくてもよい期間。コロナ特別貸付では最長で5年間の据え置き期間が設けられている。また当初3年間は利子補給で実質無利子となっていて、据え置き期間と併せるとその間は元金も利子も返済ゼロとなる。

コロナ融資によって、1800万円のキャッシュフローを獲得!

融資のポイント▼複数行取引で公庫との取引を開始していたのでコロナ融資もスムーズに

とくに業績もよくお金を借りる必要はなかったが、借りられる時に借りておくのが公門式。複数行取引の体制を事前に確立していたのでコロナ融資の際も取引実績があるので手続きがスムーズであった。

おわりに

最後までこの本を読んでいただき、ありがとうございました。

なぜ、事業における借金は返さなくていいのか？　そのことが少しでも皆さんにわかっていただけたのではないでしょうか？

賢明な読者はお気づきと思いますが、事業を続ける限り返さなくてもよい借金経営は、逆にいえばいつでもやめることができる経営だということです。

つまり借金とキャッシュ＋資産の合計が同額かそれ以上であること。だからこそ、借金を恐れずさらにお金を借りて事業を拡大することができるのです。

言葉を変えて言うなら、つねに出口戦略を見据えながら経営を行うこと。

読者の皆さんも企業の経営を進める中で、自身の出口のイメージを明確にすることが、公門式の重要なポイントでもあります。

ずっと事業を続け、子どもや孫にまで引き継ぐような１００年企業を目指すのか？

私のように事業譲渡によって終止符を打ち、第二の人生をスタートさせるのか？

それらを明確にすることで、自ずと取り組み方も戦略も変わってくるでしょう。ただし、共通するのはいずれにしても社会的なニーズに応える優良企業を目指さなければなりません。

そしてそのためには、やはりある程度の借金、いや他人資本が不可欠だということです。

税理士事務所を譲渡し、コンサルタントの活動を始めて2年が経ちました。新型コロナの騒動で世は自粛モード。経営者にとってはまさに正念場の時代ということになるでしょう。

税理士という立場ではなく、コンサルタントの立場になったからこそできるものがたくさんあります。

そんな私の第二の人生の可能性を育ててくれたのが、税理士事務所時代に手探りの中からつかみ取った「公門式キャッシュフロー経営」でした。

事業を拡大し、金融機関の信用を増やしていく中で、おそらく経営者もまた成長し、学んでいきます。それが新たな可能性として実を結ぶ。
厳しい時代ですが、そんな生産的なスパイラルを築くことができれば、一筋の光明が見えてくるのではないでしょうか？
あなたの成功を心から願っています。

最後に、本書の執筆にあたってご指導いただいた資金繰りコンサルタントの小堺桂悦郎先生、ならびに現代書林の松島様、本間様、西村様には心から感謝の意を表したく思います。誠にありがとうございました。

2021年10月

税理士　公門章弘

社長《しゃちょう》、借金《しゃっきん》は返《かえ》さなくていいお金《かね》です

2021年11月30日　初版第1刷

著　者——————公門章弘《くもんあきひろ》
発行者——————松島一樹
発行所——————現代書林
〒162-0053　東京都新宿区原町3-61　桂ビル
TEL／代表　03(3205)8384
振替00140-7-42905
http://www.gendaishorin.co.jp/

デザイン——————小口翔平＋加瀬梓＋畑中茜＋須貝美咲（tobufune）
カバーイラスト———ひらのんさ

印刷・製本　㈱シナノパブリッシングプレス
乱丁・落丁本はお取り替えいたします。

定価はカバーに
表示してあります。

本書の無断複写は著作権法上での例外を除き禁じられています。購入者以外の第三者による本書のいかなる電子複製も一切認められておりません。

ISBN978-4-7745-1899-2 C0034